U0949198

谨以此书献给幸福工程组织工作委员会成立十五周年

◎ 我小的时候，家里很穷，全家8口人完全靠父亲一人在外挣钱，每天吃的是玉米面蒸的窝头。一到冬天，母亲便拉着我到合作社（副食店）去捡白菜帮子，我最爱吃母亲用白菜帮掺和玉米面做的菜团子。

◎ 我从小酷爱画画，但画画需要钱买笔、买纸、买颜料。家里没有钱，我就在快到春节的时候，刻吊钱儿、翻制石膏像，然后提着篮子挨家挨户去卖。画画需要画夹子，母亲用有限的布票扯了几尺白布，在化工门市部买来绿色染料，用盆在煤球炉子上煮染，然后裱糊到板子上。在美院4年的大学生活，我一直用的是母亲给我做的这个画夹子，至今还保存着。

◎ 父亲故去时母亲只有49岁，她目不识丁，苦苦拉扯着我们姐弟6人，省吃俭用把我们带大。在我的记忆中，母亲的身影永远是动态的、忙碌的、病态的。她皱眉捶打腰腿的姿势让我间接体验了母亲的辛劳——糊纸盒、编织、涮洗、拾荒……而我从未听过母亲叹息。

◎ 我爱我的母亲，也更珍惜我的今天。

母亲

——中国“幸福工程”西部行纪实

中国文联出版社

于全兴　著

图书在版编目（CIP）数据

母亲：“中国幸福工程”西部行纪实/于全兴著.
北京：中国文联出版社，2010.6
ISBN 978-7-5059-6794-6

Ⅰ.①母… Ⅱ.①于… Ⅲ. ①纪实文学—中国—当代
Ⅳ.①I25

中国版本图书馆CIP数据核字(2010)第108999号

书　　名	母亲——中国“幸福工程”西部行纪实
作　　者	于全兴
出　　版	中国文联出版社
发　　行	中国文联出版社 发行部（010-65389150）
地　　址	北京农展馆南里10号（100125）
经　　销	全国新华书店
责任编辑	李　彦
责任印制	陈　晨
印　　刷	北京康利胶印厂
开　　本	787×1092　1/16
印　　张	15.5
插　　页	2页
版　　次	2010年6月第1版第1次印刷
书　　号	ISBN 978-7-5059-6794-6
定　　价	56.00元

您若想详细了解我社的出版物
请登陆我们出版社的网站http://www.cflacp.com

为了贫困母亲的明天

幸福工程组委会办公室

在我国的贫困人口中，有一个特殊的社会群体——贫困母亲。她们中不少还生活在极度贫困状态。口粮不足、缺乏收入来源，更享受不到文化教育、卫生保健等基本社会福利。她们的文化素质、健康状况很差，80%以上是文盲，半数以上患有各种妇科病。为了孩子和家庭，她们默默地承受着一切困苦和劳累。在所有的贫困人口中，贫困母亲的生活境遇最为艰辛。

贫困不应属于母亲。帮助她们摆脱贫穷、愚昧和病痛，是每个社会成员的责任与义务。为此，中国人口福利基金会、中国计划生育协会和中国人口报社于1995年共同发起并实施了“幸福工程——救助贫困母亲行动”。该公益活动通过向海内外募集善款，按照“小额资助，直接到人，滚动运作，劳动脱贫”的救助模式，以“治穷、治愚、治病”为目标任务，帮助贫困母亲及其家庭开展脱贫项目。从而使她们达到摆脱贫困，过上幸福生活之目的。

幸福工程实施十五年来，以扶弱济困、回报母爱的深刻情感内涵和鲜明特色的救助模式，引起了社会各界的广泛关注和参与。截至2009年，幸福工程已在全国29个省、市、自治区的446个县（区、市）建立了项目点，投入资金6.6亿元，救助贫困母亲22万多人，受惠人口101万人。脱贫率为89.5%，还款率为90%以上。“幸福工程”还向各项目点免费提供了1773余万元的药品和医疗器械，举办各类以提高受助者劳动技能和生殖健康培训班16600多期。为了扩大“幸福工程”项目影响和丰富项目内容，我们把“幸福微笑”、“幸福家园”、“阳光女孩”、“幸福沙棘林”、“生殖健康”等公益项目作为“幸福工程”系列项目共同推进，综合发展，取得良好绩效。在全国幸福工程工作者的爱心奉献和努力工作下，“幸福工程”从小到大，从弱到强，其实际效果与品牌效应也越来越好，为我国的扶贫事业做出了积极贡献。2008年被民政部“中华慈善奖”授予“最具影响力慈善项目”。

2010年是“幸福工程”创立十五周年。十五年发展，十五年历程。在全社会的支持与关爱下，那些昔日为衣食而愁容满面的贫困母亲们绽放出幸福开心的笑脸。她们利用幸福工程所提供有限的启动资金以及各项配套服务，经过短短一至两年的辛勤劳动，绝大多数家庭的人均收入从低于当地平均水平超过了当地平均水平。她们还积极参加幸福工程“治愚、治病”活动，其文化水平、身体素质和精神面貌都发生了很大的转变。许多人成为当地脱贫致富带头人，有的被选为村、乡、县级干部或人民代表。她们的孩子重新走进课堂，她们的家庭因注入了新的希望而焕发了新的活力。她们的经历昭示着一个朴素的道理：对于贫困母亲，只要给她们一个发展的机会和支点，她们的命运就会发生深刻而生动的变化。

母亲给予了我们最真诚无私、最博大崇高的爱。当母亲需要帮助时，我们可否为母亲们做些什么呢？

作为跨世纪的公益项目，“幸福工程”将继续秉承“关爱母亲，共享幸福”的宗旨，以帮助贫困母亲为己任。我们愿以真诚而执著的努力，同海内外各界朋友携起手来，架起一座爱的桥梁，共同帮助贫困母亲摆脱贫困，走向幸福！

让贫困母亲们活得更幸福

这是一本关于我国西部贫困母亲的书。

该书通过大量真实感人的图片和文字，向我们描述了在恶劣的自然条件下，我国西部贫困母亲艰难困厄的现实生活状态以及她们对幸福生活的追求与企盼。同时也反映了这些贫困母亲及其家庭在“幸福工程”的帮助下，奋发图强，自强不息，最终摆脱贫困，走向幸福的历程。

十五年前，“幸福工程——救助贫困母亲行动”开始启动。其目的就是动员全社会的力量，共同关注和帮助那些生活在贫困地区的母亲们。通过“小额资助，直接到人，滚动运作，劳动脱贫”的救助模式，开展以“治穷、治愚、治病”为任务的项目活动，使她们树立自强自立的信念和掌握摆脱贫困的方法，与我们共同分享幸福和谐的美好生活。十五年里，“幸福工程”这一公益事业得到了海内外各界爱心者的支持和关爱。

于全兴就是其中一员。十年前，幸福工程全国组委会为了更加深入、全面的反映贫困母亲的生活状况，广泛宣传“幸福工程”所取得的良好绩效，委托于全兴同志为这项工程作系统影像记录工作。十年来，他无数次只身前往我国西部11个省、市、自治区，行程达15万多公里，对820多位贫困母亲进行了详细的采访调研。不仅系统地记录了“幸福工程”运作和发展的历程，向我们展现了这一公益事业的丰硕成果。同时，也让我们通过这些图片资料更多地了解了西部，看到了西部地区的贫困母亲们那种坚韧不拔的性格和与恶劣的自然环境顽强抗争的精神。

于全兴同志是个了不起的人。十年奔波，十年奉献。十年里，他抛家舍口，忍受病痛，把幸福工程作为他的事业与追求，在长途跋涉，执着敬业的过程中，还多次捐赠善款，扶弱济贫。于全兴同志又是值得尊敬的。他所付出的不仅是时间，精力与物质，他给我们展示其劳动成果的同时，也让我们更加理解了什么是爱心，什么是奉献。谢谢他！

贫困是人类的一个普遍性问题。作为一个发展中国家，我国仍然有大量人口生活在贫困线以下，还有许许多多贫困母亲及其家庭需要我们的关心和帮助。“幸福工程——救助贫困母亲行动”将是一个长期的任务。借助于全兴同志这本书出版之际，我希望有更多的于全兴投身到公益事业中来，同时，呼吁全社会的人们都来关注贫困母亲，并伸出援助之手，帮助她们尽快摆脱贫困，过上幸福、美满的生活。

中国人口福利基金会理事长

幸福工程全国组委会副主任

2010年5月9日“母亲节”于北京

希望引领我到达那里

于全兴

2001年，我受幸福工程全国组委会委派，只身前往中国西部地区，采访拍摄贫困母亲，以及她们在得到“幸福工程”救助后的生存状况。对我而言，那是一片陌生的土地，所见所闻，深感震撼。尽管行程艰辛，我还是义无反顾一次次背起相机前往。

9年中，我21次深入中国西部贫困地区，足迹遍及11个省、市、自治区，走访了64个国家级贫困县、167个乡镇、267个村寨，采访了820多位贫困母亲。用一个纪实摄影师的镜头，记录下了西部贫困母亲的生存状态。我看见，在西部一些不发达的地区，还有许多尚未脱离贫困的母亲，她们承受着我们难以想象的生活重负，忍受着饥饿、疾病以及自然灾害的侵袭。据悉，在中国4200万贫困人口中，至少有1100万是贫困母亲，她们当中80%以上是文盲，半数以上患有各种妇科病。在养育后代的同时，她们自己的生命迅速枯萎了。

我希望我记录下的画面，能为这些贫困母亲带来广泛的社会关注，使更多的人了解“幸福工程”，伸出援手，使这些贫困的母亲尽早摆脱贫困，过上幸福的生活。

幸福工程全国组委会自1995年成立以来，一直为改善中国贫困母亲的生存现状努力着。十五年来，在海内外各种组织和各阶层人士的支持下，幸福工程已取得了显著的成绩。得到“幸福工程”资助的贫困母亲，有些已经摆脱了贫困，或正在摆脱贫困的努力中，有些甚至走上了富裕的道路。

我从那些脱贫母亲的笑脸上，看到了希望。

目录

在青海

在甘肃

在宁夏

在贵州

在重庆

在四川

在陕西

在内蒙古

在广西

在新疆生产建设兵团

在云南

在青海

2001年1月/2005年6月/2006年1月/2007年9月

临行前，母亲给我包了饺子

2001年的第二天，经历了新世纪到来的兴奋，人们的生活又归于常态。

我站在空旷的首都国际机场，一阵阵的寒风从我的耳边掠过，心里陡然有了一种孤独。这次远行，我拒绝了所有人的送行，包括家人和朋友。

半个月前，我当时供职的报社领导仪宏伟先生通知我：受幸福工程全国组委会的委托，报社派我前往中国西部地区，用一年的时间，对当地贫困母亲的生活状况和“幸福工程”的实施成果进行采访。

我没有想到，这个采访后来竟持续了9年。

我对于“幸福工程”的了解始于1996年，那年4月，幸福工程天津组委会成立，我策划并组织了相关的募捐活动。当时，有一种朦胧的愿望萦绕着我，希望有一天，能用自己的镜头记录下中国贫困母亲们的生存状态。

搞了几年的新闻摄影，镜头仿佛自己的眼睛。世界被框在取景器里时，熟悉、平凡的生活便一下子集中、凝炼起来。我从定影液里取出一张张照片，一个个定格的瞬间活动起来，生命从黑白的底

⊙001　青海玉树藏族自治州结隆乡杂年村。

片上跳出，还原成动人的真实。

那天，一个几年的愿望，有了实现的可能。可是忽然间，我的心里有了一种说不清的茫然，像一个渴望远行的人，已经打点好了行囊，即将出发踏上路途时，抬起头，却不知自己要走向何方，更不知前方是怎样的路途。

临行前，仪宏伟先生和我与一些新闻界的朋友喝酒，说起了我此次远行的事。我不记得喝了多少，只记得自己有些醉了。

“于全兴，我只要求你活着回来。”仪宏伟先生叮嘱道。

这句话我一直记着。

即将远行，我去看望母亲。小的时候就失去了父亲，姐弟六个都是母亲拉扯大的。母亲对于我的重要，那些父母双全的孩子是难以体会的。

我把这次采访的危险性说得很含糊，不想让她为我担心，毕竟母亲的年岁大了。她只是影影绰绰地知道我要去很远的地方，给我包了饺子。她一个一个慢慢地捏着，捏得很仔细，仿佛她包得越久，我的旅程就会越加顺利。我有很多话想对她说，可吃饭的时候，我们娘儿俩却很少出声，默默地。

吃过饭，在我出门要离开的时候，母亲忽然大声说：“兴儿，路上小心。”

我回头，母亲倚在门口儿，仍是那一脸慈祥的微笑。

“多加小心。”她又加了一句。

我也笑笑，转身走了。

我很高兴，我去采访母亲时，得到了母亲的祝福。

在北京机场，我背着沉重的摄影包踏上舷梯。

我的面前，一个小姑娘蹦蹦跳跳，头上红色的蝴蝶结随着脚步一起跳动。孩子的笑容很灿烂，像五月和煦的阳光，她和我女儿的年龄相仿，想到此，我的心紧紧缩了一下。那时，我决定，只要条件允许，在以后的采访中，每天晚上我要做的第一件事情，就是要与家人联系。我想，只有听到女儿的声音，晚上我才会睡得踏实。

飞机起飞的时候，我一直望着窗外。熟悉的城市离我越来越远，就在这一瞬间，一种机缘将我拉进了另一个世界，变换了空间与时间的距离。生活给了我这次机会，能如此近距离地与贫困接触。机上的乘客都渐渐地进入了梦乡，而我却全无睡意。做摄影记者也有十几年了，但面对即将开始的西部采访，我却想不出确实的计划，这在我是从未有过的。

最该有点什么的时候，偏偏什么都没有

1月3日，我到了西宁。天冷得像铁砧上的霜。

我的采访之所以从青海开始，一来是因为青海远，采访青海后，到甘肃、宁夏反而近便；二来是听说可以跟随当地的一个考核工作组一起行动，人多保险，交通工具也有保障。只是1月气候很差，加上高原缺氧，青海省计生协会的靳培德秘书长怕我受不了。

我对自己的体质还是有信心的，何况我也不是第一次去青海。我和靳秘书长约定，就合考核组的时间，1月份到青海下到基层。

后来，我才明白我信心的基础是多么脆弱，自己又是多么幼稚。这次采访经历的地方，迥异于我去过的旅游地区。这是另一个青海，粗糙、质朴的青海。自然显出了她本来的面貌，神圣而不可侵犯。她像一位母亲，用双手捧着人的脸颊，把他们的灵魂引向看不见的山巅。她的手触过的地方，留下了胭脂样的高原红。

就是在这样的天地里，我第一次体味到了“贫困”这两个字的分量，也正是在这样的天地里，我看到了和我母亲一样伟大的人。

4日清晨，我们前往青海省玉树藏族自治州。

车顺着山路爬，车里装着我们五个：司机、两位考核组的工作人员、我和陪我采访的靳培德秘书长，他还特别给我准备了红景天、安乃近这些抗高原反应的药物，还带上了氧气。

下午3：20，上了海拔4300米的鄂拉山，傍晚，停在兴海县一个叫温泉的小镇。走遍了镇上不到500米的小街，我们找了一家条件最好的旅店。

“掌柜的，房间里有暖气吗？”

“有，有着哩。”

“有电吗？”

“有，有着哩。”

我们于是住下来。

晚上出去吃饭。开饭馆的是一对四川广元的夫妇。他们在这里一年多，连开饭馆带租房，一年有一万多块的进项。他们的大儿子在兴海县县城读书，因为路远，给孩子在县城租了间房。那时正是寒假，孩子也回到温泉，帮着父母料理生意。

⊙002 和4年前相比这家旅馆没什么变化。
⊙003 大门前多了一个招牌。

002

003

饭食一般，高原，气压低，水不到100℃就开，米饭总有些夹生。

回到旅店，一片漆黑。

“掌柜的，不是说有电吗？”

“白天有，晚上没有。”

旅店用温泉水自己发电，只能撑到晚上10点。

“暖气怎么也没啦？”

“白天有，晚上没有。”

暖气靠的是水泵泵上来的温泉水。电停了，泵就停了，暖气也就没了。

最该有点什么的时候，偏偏什么都没有。

一钻进被窝，就有股寒气钻进骨髓：从脚跟往上，沿着脊柱，直窜到脖颈，像指甲划过一样，我一个激灵。于是找出所有的衣服，跟棉被一起堆在身上，防寒服的帽子捂着头脸，只露出眼睛和鼻子，冬眠的蛇一样蜷着，可还是没有一点热气。高原反应已经出现，寒冷加上头疼，久久不能入睡。一看温度计：−20℃。

半夜里听见司机师傅发动汽车。他说过，如果这时候不着一次车，就再也打不着了。

迷迷糊糊的，不知是睡了还是醒着，也不知自己睡着过没有，也许是高原反应吧，反正躺这一宿比白天还累。可这确实是条件最好的旅店，比我日后住过的很多地方要好得多。我不知当地的居民是怎样适应的——比如那对四川的夫妇——也许住久了就能习惯。

但我没时间去习惯了，我们要继续赶路，我们的目的地在海拔更高的地方。

时间慢得像吃饱的蜗牛

继续赶路，继续赶这种似乎永远没有尽头的路。

高原反应越来越严重，头疼，头晕。脑子像个巨大的气球，越来越胀，顶得脑壳生疼，这气球还时不时地放放气，一跳一跳地，像反带了孙猴的紧箍，针扎一样地疼。我一直吃药，而没有吸氧。倒不是我格外坚强，而是听说一旦开始吸氧，就离不开氧气袋了，这会给以后的工作带来很多不便。

我全没有聊天的心情，只能望着窗外，希望窗外的景色能分散些精神。但窗外只有一片白色，白的地，白的山，白的风卷着白的雪挡住蓝的天。车下的砂土路被雪埋了，根本看不到，一不小心车子就驶进沟里，必须再加大马力踉踉跄跄地爬出来。

到了平些的路面，车子便开始跳，跟我脑袋里的气球一起跳。时间慢得像吃饱了的蜗牛。我不知道走了多久，更不知道走了多远，耳朵里一直回响着考核组的贺连杰在早上出发时唱的一首民歌。他的嗓子不太好，有些沙哑，歌声却有一种说不出的味道：

我的家高得很
我的家远得很
人们都说，这里荒凉的很
可我们偏偏就是青海人
……

中午在玛多县吃了顿饺子，下午翻巴颜喀拉山，快到山顶时，车胎放炮了。高山风雪很大，而且一直不断，一个轮胎换了半个多小时，继续赶路。晚上7点多才颠到玉树藏族自治州政府所在地结古镇，比预计的晚了两个多小时。

三江源纪念碑前，站着迎接我们的肖建军副州长和计生局的李花芬局长，他们在风雪中等了3个多小时。

我已经是疲惫不堪，无力去感谢他们，浑身像散了架。一起步就如此狼狈，心中难免焦虑，想起“要活着回来”、“怕你受不了”这样的话，明白不是危言耸听，我怀疑自己能否撑得住了。

好在接下来的几天，高原反应减轻了很多。

004

005

⊙004 800多公里路程换了2次轮胎。
⊙005 作者在海拔5028米的巴颜喀拉山。

一场雪，足够埋掉一个孩子幸福的童年

6日在结古镇适应了一天，7日中午到了结隆乡[注]，此行的目的地。

乡政府留我们吃了饭，饭菜是特地准备的，可米饭还是不熟。司机和考核组的工作人员继续赶路，做自己的工作去了。乡长达哇战斗陪着我，兼做藏语翻译。下午，达哇战斗开着快散了架的北京212吉普车带我出去采访。头疼好了很多，可依然是冷、累。

晚上，我住在乡政府职工宿舍。屋子不大，屋中有一个铁炉子，烧牛粪，填满一膛能烧20分钟。一位乡政府的工作人员帮我填牛粪，可到了10点，我让她休息去了。于是，过了20分钟，炉子灭

注：结隆乡（即现在的隆宝镇）位于玉树县西北部，距州府70公里，平均海拔在4700米左右，年均降水量480毫米，极端最低气温-26℃，气候寒冷干燥，自然灾害频繁，交通、通讯条件极差。贫困户占人口总数的50%，有些贫困户的年收入几乎为零。

006

007

了。那点热气延宕了半个钟头，也离我而去了。屋里和外面一样冷。

我躺在床上，想着这几天的行程，两天前在温泉招待所的夜晚，5天前在北京宾馆的夜晚，7天前在天津家中的夜晚。

我问自己，我到这里来干什么？我想要得到什么？

我过了2点才睡着，不到8点又醒了。玉树地处东七区，虽用北京时间，但实际要晚一个小时，加上季节的缘故，8点钟，周围还只是朦胧的一片。

我爬起来，走到院子当中，寒风在我的耳边打转。院子很旷，旷得寂寥。只有一口水井，一条狗，一辆破吉普车陪着我站着。远处有几只不知名的飞禽，在依稀的晨光里起起落落。更远处白色的雪山，像横卧的玉龙的背。

我望着远处的雪。在我的家乡，雪总是很吝啬的星星点点，刚黏在地上，就洇成一个黑点。可只要下雪，我的孩子就会手舞足蹈地跳出去，欣喜若狂，仿佛收到了上天的礼物。但在青海的雪地上，我却没有见到孩子的笑容。

这里的雪太大了，太深了，太冷了。深得使他们举步维艰，冷得让那些拾牛粪的孩子的手肿胀、发紫，缩在衣袖里不愿伸出。

当地人怕雪，特别是大雪。一场大雪能够冻死大量的牲畜，也就断了他们最主要的收入来源。一场雪，足够埋掉一个孩子幸福的童年，甚至一个家庭未来的希望。

他们能否理解那些爱雪的孩子呢？

而我，又能否真正地理解他们呢？

白色的大地像一块巨大的殓布盖着我未知的旅途，我感到莫大的孤独。那孤独像极寒的冰在心里融化，慢慢地，不可逆转地浸透四肢百骸。玉龙背样的远山，像要离我而去，又像逼我而来，要缠住我，把我挤碎。我想起城市的喧嚣，想起母亲的叮嘱，恍若隔世。

⊙006 结隆乡街上唯一的娱乐工具。
⊙007 结隆乡乡政府院落。
⊙008 贝拉，27岁，家里牲畜全部死于1995年底的一场雪灾，2个孩子和卧床4年的老父亲都由她照料。没有任何经济来源，生活靠政府救济。
⊙009 家里仅有的一张小床留给丈夫和孩子，母亲睡在地上。
⊙010 24岁的嘎松卓玛抱着孩子捡拾牛粪，牛粪是当地牧民重要的生活资料。
⊙011 贫困掠去了母亲的美丽，笑颜已像那深逝的青春。呵，沟壑一样的皱纹里，藏不住辛酸与悲苦。
⊙012 舐犊之情。

008

009

010

011

012

孤独不可抑制，一上心头，就如同开了闸的水，奔涌着，淹没了我和我的所有思绪。我害怕了，后悔了。

但既已经来了，后悔是无用的，只有做下去。而此后几天的见闻让我明白了“幸福工程”的意义，特别是遇见才仁巴毛母女，她们让我重新认识了我工作的价值。

我若不到青海，才是要后悔的。

“哪有钱嘛。”母亲用手抹着眼睛

1月9日，我照例出去采访。车开在高原的土路上，我看见远处有间房子，说要到那家去采访。

游牧民的家像晨星散落在高原上，望得见，相隔却很远。等你厌倦了一路上高原的荒芜和寂寥，突然间，你会看见，远远的，一个小小圆点，金星一样，点出前进的方向。那就是游牧民的家——“冬窝子”。所谓“冬窝子”，就是“冬天的窝子”，是牧民冬季御寒的住所。

我们开了很久才来到那间房子前，那是才仁巴毛家的“冬窝子”。

房子是用土坯垒的，门很矮，人要低头才能进去。屋里很暗，大约十几平方米。门正对着的地方堆放着牛粪，旁边有一个半米来高的土砌的锅台，再旁边是30公分高的土台子，这是一家人的餐桌，吃饭时就把碗搁在上面，坐在小板凳上，或者干脆蹲着。其余，就是一些破破烂烂的不像样的东西。屋里连床都没有，晚上睡觉就在地上，腰下面垫块毡子。

我刚到那里的时候，正看见一个女孩蹲在门口，穿着破旧的藏袍，一手用力顶着腹部，脸色青黄。她叫阿夏·巴青才仁，是才仁巴毛的二女儿。

“怎么啦，孩子？”我不懂藏语，请随行的达哇战斗乡长帮忙翻译。

那女孩没有说话，依然用手顶着腹部。

“肚子疼。小病。”她的母亲才仁巴毛走出来说。

她告诉我们，巴青才仁9岁的时候就常肚子疼，可孩子知道家里没钱，从来没有当着母亲的面哭过，更没有要求过给她治病。

才仁巴毛有4个孩子，大女儿嫁到了120公里外的地方，很少回来。大儿子给别人放牧，草场很远，也难得回家。二女儿巴青才仁是家里主要劳动力，不止操持家事，还要到附近的山上去挖冬虫

⊙013 用水和盐调和的糌粑是才仁巴毛家主要的吃食。
⊙014 巴青才仁，12岁，没读过书，3年前患胆囊炎病，无钱医治。
⊙015 她像是跌入深渊的羔羊，无助的目光是那样的茫然；孩子的疾病在母亲伤痕累累的心上，又重重地割上一刀。
⊙016 巴青才仁每天睡在地上。

夏草。但随着病情的加重，她能爬上的山越来越矮了。那时虫草很贱，130根才卖了390块钱。才仁巴毛还有个小儿子，只有几岁，虽能帮姐姐些忙，可终归是还要人照顾的年纪。

她家的年收入只有600块钱，需要政府救济，而在2000年9月，她的丈夫又去世了。丈夫病重的时候，说要见一见政府领导，乡长去了。她的丈夫说，希望政府能在他走后继续照顾这孤儿寡母。问到她丈夫是得什么病走的，没有人知道。在高原，什么病都是能死人的。

巴青才仁倒是看过两回病。一次是村里的医生，一次是下来的乡里的医生。前者没有执照，后者有，两个人都说是肝包虫病，需要手术。手术，是不可想象的，所以事情就一直拖下来。巴青才仁腹部的肿块已有拳头大了，痛起来，彻夜难眠。可天一亮，又要继续劳作。

“怎么不到州里的医院去检查一下？”我问。

“哪有钱嘛？”母亲说，她用手抹了抹眼睛。

“到乡里的保健站检查一下也好啊。”

“哪有钱嘛？”这样的话，才仁巴毛一定说过很多回了。

确实，600块的年收入连吃饭都成问题。她家地处牧区，一年多没吃过肉，日常的饭食就是糌粑，类似于北方的炒面，是青稞做的，磨得更粗一点。本应是用酥油去调，但才仁巴毛家里只有水和盐。我尝了一口，糌粑糊在喉咙里，难以下咽。

我决定了，带巴青才仁到州上去看病。拍摄、采访都是次要的，我必须这么做。虽然我不知道能有多好的结果。

我征得了才仁巴毛的同意。又隔了两天，采访了其他几位母

013

014

015

016

017

018

019

亲。在我离开结隆乡的前一天，我们回来接巴青才仁到县里看病。

才仁巴毛送我们和她的女儿到屋外。上车前，她突然把女儿紧紧地抱在怀里。巴青才仁从未出过远门，这次出行是挂念也是希望。她们拥抱在一起，泪水交融。母亲轻轻地和女儿吻别。

那一刻，我的心突然下沉，感到前所未有的沉重。一个母亲的希望，一个家庭的希望，此时，都寄托在了我的身上。

我给才仁巴毛留下150元钱，让她置办些年货。她双手合什，高高地举过头顶，为我祝福。我不懂藏语，却明白她的心意。

在车上，我的心口像被什么东西压着，要裂开，却裂不开。

泪水蒙眬了我的眼睛，什么都不能看清。

⊙017 采挖虫草要翻过好几座大山。
⊙018 巴青才仁每天需背4次水。
⊙019 才仁巴毛洒泪吻别女儿巴青才仁。

母亲的身影越来越小，越来越模糊，但我知道她一直望着我们的车子。

巴青才仁，让吉祥幸福永远伴随着你

到了结隆乡，我收拾东西准备带巴青才仁到结古镇看病。她就一直坐在我的旁边看着我，腼腆地，怯怯地。我拿起一个带来的苹果，顺手递给她，示意她吃了。

她接过苹果，看了看，轻轻咬了一小口，便把苹果塞进了袍子里。我很奇怪，示意她继续吃，可她却不把苹果拿出来了。

语言不通，我出去找来了翻译。她告诉我，巴青才仁说，她要把苹果带回家，给妈妈尝一尝。

我愕然。

急忙拿出了带来的所有水果，让翻译告诉她，这些都带回去，给她的妈妈。

“但你必须把这个苹果吃了！”我几乎喊了起来。

说完就跑出了屋子，拚命地抽着烟。我不知想些什么，更不知该想些什么。只是乱，乱得一片空白。

不久，我见到翻译，她告诉我，小女娃只把苹果又咬了一口，又塞进了袍子里。她告诉我，女娃从来没有吃过苹果。

晚上，乡长达哇战斗开吉普车把我们送到了结古镇。

一个偏远小镇，对巴青才仁来说，是无限的新奇。这是她第一次看到“繁华”的世界，看到铺砌的街道，街边的楼房、饭馆、旅店，做各种买卖的人。她一直用力地张大眼睛，好奇地望着车外。

我找了间好些的商店，给巴青才仁置办了一身新衣服，又让结隆乡的女干部才卓尕带她去洗澡。我们去找饭馆，准备晚上一起吃饭。

我们再开车去接她的时候，巴青才仁站在浴室前面，焕然一新，简直是另一个人。

青色的藏袍，齐整的头发，脸上胭脂样的高原红，怯怯的笑容。我知道她是个漂亮的女孩，不知道她是这样漂亮。大家禁不住鼓起掌来。我掏出随身的相机，把这美丽定格在胶片上。

这是个好兆头，贫困和疾病还没有夺去孩子的一切。

第二天天气晴朗，我们带她到玉树藏族自治州康复中心，这是玉树最好的医院，医院里最好的设备是一台陈旧的国产B超仪。

院长吾金才仁亲自给巴青才仁做了检查，是胆囊炎，不严重。

020

021

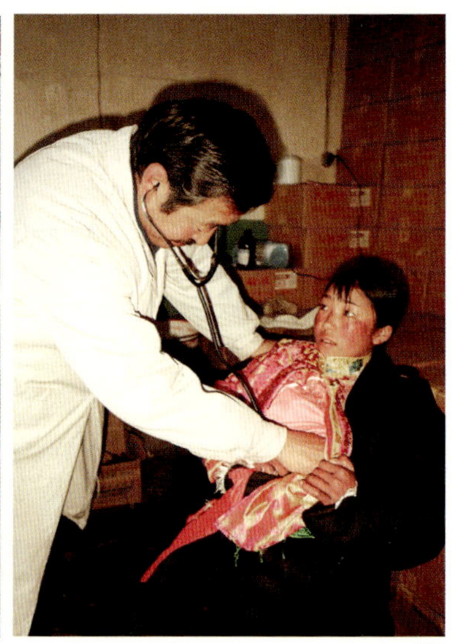
022

以前的医生都错了，但也怨不得他们，没有相应的设备，就只能根据平时的经验，误诊也就难免了。

可就是这样的小病，险些要了孩子的命。

病确诊了，开了两个疗程的药。院长吾金才仁得知是“北京来的同志”带孩子来治病后，非常感动，执意不收医药费。我一再坚持，他才按常规收了，不过70多块钱。在大城市，怕连检查费都不够，而在才仁巴毛家，却要敷衍两个月的生活。

转天，我要到其它地方去采访了。和巴青才仁告别时，我买了些酥油，让她带回去，希望她家能过个好年。孩子紧紧地拉着我的手，不说话，只是哭。我们这样在车前站了很久。天晚了，我该走了，她拦不住我的，可我怎能迈得开腿呢？我们劝她，可都不知道该如何劝。

“你放心，叔叔一定会回来看你的。”我请翻译跟她说。

她听了，有些迟疑。我便在她迟疑的当口，逃上了车。我受得了头疼和缺氧，却受不起她执着的泪水，受不起她们那份质朴的感情。我哭了。

我想起她昨天晚饭时给我唱的一段祝福歌，很短，但那高原特有的悠扬的音色，古朴的旋律，一直流淌在我的心里。

神圣的山峦
像父亲的臂膀
神圣的山泉
像母亲的乳汁

⊙020 巴青才仁在乡政府食堂吃饭。
⊙021 焕然一新的巴青才仁。
⊙022 第一次在医院看病，巴青才仁有些胆怯。

大山的神灵啊
护佑着我们的亲人
无论你走遍天涯
吉祥幸福永远伴随着你
……

两个月以后，我到西部的另一些地区采访，接到了结隆乡达哇乡长的电话，他告诉我巴青才仁的病已经好了。那一刻，我的眼睛又湿润了。

又见巴青才仁

2005年5月初，我接到幸福工程组委会葛振江主任的电话，说天津电视台国际部周红编导打算做一部关于我和“幸福工程”的记录片。这时我已经到了天津师范大学教书，校领导得知后大力支持，同意我拿出10天左右的时间，再到西部去。

几天后，周编导和我取得了联系，约定在一家咖啡厅见面。见面的时候，我把2003年出的一本书带给了她。那天晚上，我们聊了很久。第二天，她打电话来，说看了那本书以后，一夜没睡。她对这部纪录片有信心并希望能借此有更多的人帮助这些母亲。

于是，5月25日，我和天津电视台国际部摄制组一起踏上了西去的列车。先到贵州采访，后经四川，6月3日，又回到了青海。

在西宁，我又见到了靳秘书长。他依然给我们精心地准备了药品和氧气。7日出发，先到兴海县适应海拔，然后又要翻越巴颜喀拉山，到玉树去。

路线和4年前的一样，可路却好走了很多。一来是夏天，没有冰雪；二来是许多路面已经铺好了柏油。我的高原反应远没有上一次厉害，能有心力看窗外的景色。但周编导和王秋成摄影师便不同了，和我上次来一样，扶着欲裂的脑袋，不住地往嘴里塞药。摄影师的年龄大些，已经开始吸氧了。

在巴颜喀拉山的山麓还能找到一两棵树木，往上走，就是大片的草地，天蓝得像清澈的海，空中的云气围在山腰，云气里铺向山巅的绿毯，绿得浓郁，全不同于上次来时的苍白。山翻到一半，天开始下雨，到了山顶，转成中雪，下山时，又变成了凌厉的风。

一座山，四季轮回，令人惊叹。

这个青海，空灵而洁净，像用无暇的水晶雕琢的磬，发出沁人

⊙023 天津电视台国际部摄制组在才仁巴毛家拍摄。

023

024

025

026

027

028

心脾的清响，让人的灵魂升华。旅行者一定会爱这种地方的，我想。可刚产生这个念头就觉得自己可笑。周编导有些感冒，大口地喘气，摄影师在后座上，简直躺平了身子，抱着氧气袋，脸色蜡黄。

自然是个任性的孩子，爱和初上高原的人开玩笑。

我又一次想起才仁巴毛母女，巴青才仁痊愈了么，希望她的未来不会像母亲一样贫困。

中午时到了玉树结古镇，镇子几年来几乎没变，只是多了几座小楼房。来接我们的是当年的结隆乡乡长达哇战斗，如今他已是称多县的副县长了，听说我来，他执意要陪我再到结隆乡。

编导与摄影师的高原反应强烈，感觉好像比我当时还厉害，他们说要休整一晚再走，可我知道，在这里，我们这些平原来的人一休整，第二天只会更累，什么也干不了了。所以我坚持下午就到结隆乡去，只是劝周编导留在镇里，因为她感冒了。在高原，小小的感冒可能转为肺气肿，有生命危险。

但我的坚持只成功了一半，下午到结隆乡（现为隆宝镇）去，周编导一起去了。

土路换了柏油路，我望着窗外，希望能及早看见巴青才仁家那小小的冬窝子，1个多小时的路，像比一天还长。

她家的变化也不大，院子原来供人进出的缺口，有了扇栅栏门，房子又接出了一间，在不远的地方，有一个新的冬窝子。

听说我们来，才仁巴毛急急地走出房子，再一次双手合什，祝福，行礼，泪水纵横。嘴里叨念着一句藏语，达哇告诉我是“恩人”的意思。巴青才仁也跟出屋来，把一条哈达递给她的母亲。才仁巴毛用颤抖的手把洁白的哈达披戴在我的肩上。

我一时语塞，不知说什么好。突然意识到我自以为微不足道的帮助，能给一个家庭带来多大的影响，虽不能改变她们的生活条件，却给她们带来生活的希望。

家里的变化不大，多了一个铁炉子，一张床和一个6个月的娃娃。

巴青才仁已经做了母亲。她是2004年成家的，和丈夫住在旁边新建的冬窝子里，家里已经有了14头牛。生活虽还需要救济，但比以前好多了，所需的救济也少了很多。眼看又到挖虫草的季节了，虫草的价格也比2001年高了很多。

问到巴青才仁的病，她告诉我，已经好了。但由于生孩子，有些复发的样子。

我望着她穿的藏袍，问：“是那年我给你买的那件吗？”

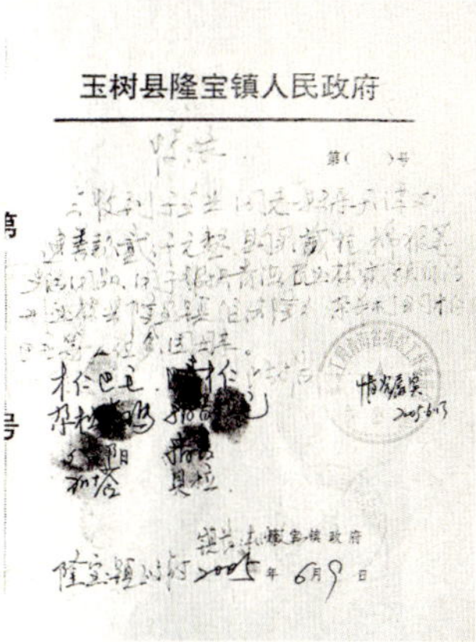

⊙024 巴青才仁有了孩子。

⊙025 才仁巴毛家的院落多了一道铁门。

⊙026 才仁巴毛母女得到社会捐赠。

⊙027 家里多了床和铁炉子。

⊙028 巴青才仁还是家里的主要劳动力。

“不是。收起来了。”

“怎么不穿哪？”

“穿过。我结婚时就是穿的那件。”

“平时怎么不穿哪？”

“舍不得。”

“我买来就是让你穿的，我……”

我哽住了，手摸着哈达，低下头，泪水在眼眶里打转。

她拿来了我给她买的藏袍，还是全新的。

我问她，记得那天晚饭时你唱的歌吗？

她说记得。便又唱起那久违了的熟悉的旋律。

我们走时把天津爱心人士刘健的捐款和买的被褥和藏袍留在了她家。母女俩送出我们很远。

感冒

回到乡里，还是住在乡政府。院子里还是狗，水井，破旧的吉普车，一如当年的样子。虽是夏天，高原气温低，昼夜温差大，炉子还得点着，烧着牛粪。

我这次挺早就睡着了，半夜听到有人叫门。

“我们……于老师，受不了……一宿没睡……”

是周编导和摄影师，话说得上气不接下气，边说边喘，似乎脑子已经不听使唤了。

我急忙找乡长让司机把他们送回县里。

我在结隆乡又呆了一天，把带来的捐款发给其他几位母亲。晚上回到县里，摄影师还在吸氧，但情况已经好多了。周编导因为感冒在医院打了一天的吊瓶，医生说，幸亏下来得早，要是晚一天她就没命了。

我有些后怕，是我执意要当天去采访的。我想起在才仁巴毛家听到的那句话，在这“什么病都是会死人的”。

高原不适合人类生存。如果离开高原，才仁巴毛家的生活会不会好些？我不知道。语言不通，习俗不同，高原下完全是另一个世界。他们能适应吗？在这里，他们有祖居的土地，有牛，有牧场，外面呢，他们什么也没有。

走，还是不走，这是一个困扰。后来，我到过的很多地方告诉我，问题不止是走或不走，还有能不能走，交通不便还在其次，有多少家庭能凑起出山的路费呢？

⊙029 在玉树县购买衣物的收据。
⊙030 达哇战斗和贫困母亲措吉。
⊙031 达哇战斗和贫困母亲加塔。
⊙032 2001年的结古镇。

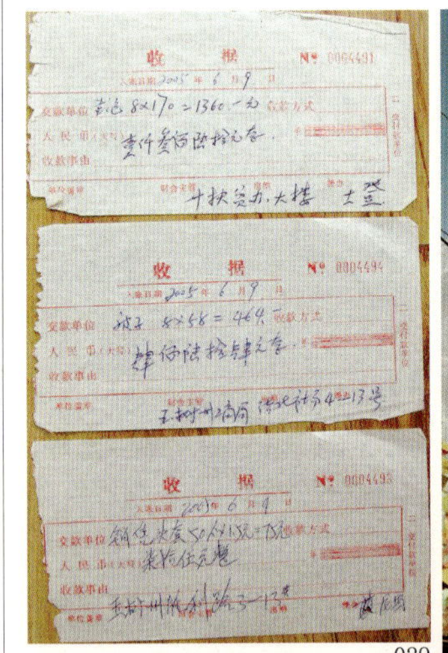

029

030

031

周编导的病好转了以后，我们一起离开了青海。

就在这本书即将定稿的时候，即2010年4月14日上午7点49分，玉树发生了7.1级地震（北纬33.1度，东经96.7度），震源深度33公里，震中距离州府所在地结古镇30公里。我即刻拨通了达哇战斗的电话，他正在从西宁赶往玉树的路上，在玉树的家人都安全，只是房屋倒塌了。

“家人平安就好，路上开车一定注意安全。”我叮嘱道。

最让我牵挂的是玉树母亲们。才仁巴毛、巴青才仁、杂年村其他母亲现在怎样了呢？我联系不上她们，遥祝她们，一切平安！

几天后，达哇打来电话，杂年村的母亲们都还安全，巴青才仁和孩子也平安，只是她的母亲才仁巴毛在震前一个多月就已因病过世。

迷路

我上面提过，2001年，我见到巴青才仁后，并没有马上带她去看病。一来我还有其他的采访任务，二来也好给才仁巴毛家一些准备的时间，毕竟女儿从没出过远门。我与青海省计生协考核组的同志分别离开玉树县，约定在1月11日的下午在称多县县政府汇合。

但11日，司机更尕索南把我带到了称多县后，却迟迟不见靳秘书长他们的到来。

州计生局李局长告诉我：“靳秘书长他们一早下去考核了。这儿的牧民居住分散，又是大雪天，比较费时间。”她看出我的不安，安慰道：“虽然路不好走，但他们去考核也不是第一次了，不会出事的，你放心吧。”李局长说得很轻松，可从她的眼神里，我看得出，她比任何人都焦急。

晚上7点多钟，还没有靳秘书长他们的消息。大雪的季节很容易迷路，迷了路，就要费很多汽油，没有汽油，车上就没有暖气。我听说，这样的天气，车子在高原深处呆上两夜，就是没有其他的危险，冻也能把人冻死。当时手机、GPS还是新鲜物，真若出些事情，连出事地点都不是一时能找到的。

不能再等了。考核组带队的团省委副书记吕刚和李局长决定派3辆车分头去找。

车开出去好远，只见风雪弥漫，哪里有人的影子？呼啸的风雪从黑夜的深处刮来，像一头咆哮的野兽，将汽车含在口中，任它摆布。我蜷缩在车厢里，随着汽车上下颠簸。我想到了死，我不知道，真要在这里出事，到底是算死亡，还是失踪。靳秘书长他们难找，离开了县城，我们也同样难找。

在主干道上摸索到8点多钟，司机不敢再往前开了，停靠在路边等。这种等待毫无把握，全凭了心里的一点希望。依稀望见远处两点车灯，大家兴奋地跳起来，抬着头，踮起脚，整个身子都抻长了。车灯到了眼前，却不是要等的人。夜越来越深，很久才出现一次的车灯，出现的频率越来越低了。我们都快冻僵了，不停地活动腿脚。原野上只有不绝的风声。

几个人都沉默着，怕一张嘴会说出不祥的字眼来，怕一语成谶，真带来一场灾祸。

希望总算在绝望中出现了，苍天不负，将近10点，我们终于见到了考核组的车，靳秘书长他们已经疲惫不堪。不出所料，他们迷路了，途中还遇见了狼。

我们回到了称多县县城，匆匆扒拉了几口饭，考核组继续工作，一群从四处赶来的乡村干部聚在简陋的会议室里，会一直开到深夜。

丢了骡子，是塌天的大事

我从称多县回到西宁以后整整睡了一天。省考核组的同志们下午也到了西宁。靳秘书长还没有来得及休息，晚上到我的房间商量明天的行程。

寺台乡位于西宁市的东部，属于浅脑山区。这类地区大都靠天吃饭，一旱一涝就不能保证口粮自给。从1997年开始，连续几年的自然灾害使村民们鲜有收成。2000年，摄氏40多度的持续高温，连籽种都没有收回。寺台乡的窑洞村，一亩地的收成仅仅几十斤，而撒播的种子就要50斤。

窑洞村是个封闭在山坳里的小山村。在那里，我见到了一位叫王生花的女人。

王生花当时30岁，是1992年嫁到这里的，丈夫比她大7岁，有两个小孩。结婚之后，最初的日子还算可以。1996年，丈夫中风，丧失了劳动能力，王生花的日子便成了灰色，生活与生产的重担整个压在了她的肩上。为给丈夫治病，家里原有的两头骡子，卖了一头，换回600块钱。熬到2000年，丈夫的病情刚刚有所好转，另一头骡子却丢了。

"去找了吗？"

"咋能不找？"

骡子是在晚上才发现丢了，王生花饭也没吃，就钻进了大山。对于这个贫困家庭，牲畜是最值钱的财产，丢了骡子，是塌天的大事。整整一个晚上，王生花在大山里转悠，呼唤着她的骡子，直到天亮也没找到。

她没回家，找不到骡子她不能回家，骡子要是真丢了，家也就毁了。

还算幸运，第二天中

⊙033 家里家外的大事小事都由王生花一人操持。

033

午，骡子终于找到了。王生花却受了风寒，患了重感冒。耳朵前面又生了一个疖子，引起严重的头疼，如今右臂已不灵便。

灾难接踵而至，公公也患了中风，无钱医治。王生花只能支撑着爬起来，若是她再躺下，这个老的老，小的小，病的病的家就真的完了。

讲这些事情的时候，王生花没有什么特别的反应，这个刚刚30岁的母亲已被贫困折磨得筋疲力尽，显现出衰老。

我数了数王生花的家当，几间大小不一的破土坯房，一口锅，四只碗，一块面板及一把壶。唯一值些钱的是王生花的陪嫁，一个破旧的衣柜。王生花屋里的东西，满打满算不值100元。

我们带了些简单的食物，与王生花一家一起吃了顿饭。我把一只鸡蛋递给王生花，她把鸡蛋剥了，缓缓送进孩子的嘴里。

我看着她，想到了自己的母亲。

安尔存脱贫以后

安尔存，这位36岁的母亲1985年嫁给本村的陈寿帮时，陈家有

⊙034 安尔存小卖部的生意愈加红火。

034

兄妹七个，家境非常困难，两间土坯房，6亩脑山地，每年的收成难以保证温饱。

1996年，她得知幸福工程组委会要在本村发放扶贫项目款的消息，高兴得睡不着觉。她主动争取到了“幸福工程”扶贫款3000元，又自筹6000元在村子里开了一间小卖部，一年后，盈利万元左右，她把盈利的钱又投入到小卖部，扩大经营。1999年，逐渐脱离贫困的安尔存，和爱人商量购置一辆中巴车，让爱人经营从乡里到县城的班车，4个多月后，又买了一辆中巴车，这第二辆车的效益比第一辆更好，因为是从县城到省府的长线。此外，她还开了一个小型的加油站。

致富后的安尔存没有忘记同村的贫困乡亲，她把第二辆车借给本村的贫困户陈林帮经营，不到一年陈林帮便摆脱了贫困。

2000年3月份，村党员干部选举，乡党委会批准，安尔存的爱人当选为湾子村党支部书记。村里的工作繁忙，安尔存忍痛卖掉了为她家致富的中巴车，购置了一辆小车，无偿为本村的贫困户服务。

在脱贫的艰苦努力中，安尔存一家的收入由1991年的300元增加到1998年的2万元，2000年的3万元。她先后拿出3万元，资助村里5户贫困乡亲发展生产，搞多种经营，使他们走上了脱贫的道路。又拿出1000元帮助村里贫困儿童，使全村学龄儿童全部上了学。还为村里的低压线路改造、自来水入户做出了贡献。

1997年，安尔存被评为脱贫母亲先进代表，赴京参加全国幸福工程脱贫母亲典型代表表彰会，受到了国务委员兼国家计划生育委员会主任彭佩云同志和幸福工程组织工作委员会主任王光美同志的亲切接见。

1998年她被县公安局和交通局评为遵纪守法积极纳税先进个人。

[资料]

平安县“幸福工程——救助贫困母亲行动”自1996年8月启动实施以来，已覆盖6个乡镇，19个行政村，先后投入救助资金84万元，累计救助贫困母亲226余人，惠及家庭人口1017余人。各乡镇和县计划生育技术部门为贫困母亲开展了优质的生殖健康服务，累计开展义诊、免费发放药品、治疗妇科病1762人次，为贫困母亲举办各类培训班94期，培训人数达3078人次。涌现出了像安尔存、王孝柏、王继兰等为代表的优秀脱贫母亲典型。通过对受助贫困母亲的评估，我们看到了这样的结果：实施项目救助前被救助的贫困母亲户均年收入2100元以下，救助后增加到5946.93元，户均增加3846.93元，增长183.19%。其中年户均纯收入5000元以上的，占总投放户的38.91%；年户均纯收入4000元以上的，占投放户的57.23%；年户均纯收入3000元以上的，占投放户的3.86%。评估结果表明：计分在90分以上的，占84.15%；80分以上的，占13.75%；80分以下的，占2.1%。

035

036

⊙035 东尕姐，30岁，青海省互助县松多乡什八洞沟村人。全家4口人，家有14亩山旱地，年收成600公斤小麦、1000公斤土豆，全年缺6个月口粮，乡政府救济25公斤白面。经济收入靠丈夫在农闲时做小工及卖油菜籽，年收入1600元。2月份赊帐130元买一头小猪，准备在春节时杀年猪。

⊙036 2006年，东嘎姐用幸福工程“一对一”帮扶的2000元买了一头母牛，2007年下了一头小牛，又用丈夫在外打工挣来的钱买了2头猪。她期盼自己能靠养殖业脱贫致富。

平安县幸福工程项目工作在不断探索和实践中，着重突出了五个方面的工作：一是在经营方式上突出灵活性。充分尊重群众意愿，不包揽、不命令、不搞一刀切，而是积极引导，合理建议，保证了项目工作的健康发展。二是突出项目带动作用。依托幸福工程项目平台，从而吸引和带动相关扶贫支农资金和外援小额信贷等资金的投入积极性。三是突出服务是灵魂这个根本。落实了跟踪随访制度，增强了农户的项目经营意识和还款意识。四是突出“三治”并举。举办各类科学技术知识培训，提供各种农产品市场信息，开展生殖健康检查等。通过无处不在的服务触角、无难不帮的浓浓情意，让每一个受助家庭真切地感受到所有幸福工程捐款人对她们的深厚情意。五是突出项目资金的运行安全。以县项目办统一管理为主，乡镇项目办落实救助家庭、发展项目，实行资金统筹管理，成熟一户落实一户，县项目办与乡镇政府签订了目标责任书，并借助法律手段在发放现场对帮扶协议进行了法律公证。全县幸福工程项目呈现了这样几个特点：一是在项目资金的管理上，强化了县级项目办公室的管理职责，强调了乡、村项目的协调合作职能，有效地规避了项目资金的风险。二是在对项目户资金使用、项目引导、督促与第一轮项目相比有了突破。在三年一周期内的框架内，采取了更为机动灵活的资金使用方式，为及时调整、收回项目款找到了一条好的途径。三是用法律的形式将合约规范起来，强化了项目户的还款意识。四是大胆探索了公司加农户、工厂加农户的规模经营模式，扩大了救助人群范围，让更多的贫困母亲得到了发展机会。五是吸引了扶贫部门、农林牧、妇联组织的积极参与，从而带动了其它小额资金投入的积极性，真正体现了脱贫致富奔小康的总目标。

在甘肃

2001年2月/2006年1月/2007年8月

回家

我两次到甘肃采访，起初都不顺利。2001年，我计划采访青海后直接到甘肃，并在甘肃过年。可正是因为过年，乡政府的工作人员基本都回家去了，找不出人来陪我采访。没有人引路，莫说找不到目的地，就是死在山里也没人知道。因此只得作罢。不过我已和甘肃省计生协办公室的侯冲锋主任定好，2月下旬在陕西省宝鸡市见面，然后到甘肃省陇南地区采访。

1月17日，我飞回了北京。那天是腊月廿三，小年。和我出发时相比，机场没有什么变化，春节渐近，人们的脸上多了些喜气，可我却高兴不起来。

飞机不愧是现代交通的象征，几个小时的飞行，就穿越了两个迥异的世界。人流和我擦肩而过，那是要乘飞机回家过年的人，光鲜的衣服，漂亮的提包，我觉得很不舒服，好像我已不属于这种文明。

等我奔回天津，已经是晚上了。妻子和女儿一直等着我，还没有吃饭。我提议出去吃，女儿说要去麦当劳，我答应了她。

餐厅干净、整洁，装潢鲜艳、明快，灯很亮，亮得有些刺眼。我邋里邋遢，满脸胡渣，斜靠在椅子上，引得旁人侧目，我简直不适应这样的环境了。大玻璃窗外，是流光溢彩的的街道，远处星星点点，万家灯火。

⊙037 马尕红，51岁，宕昌县车拉乡茹树村人。全家3口人，人均收入100元，人均占有粮食100公斤。无牲畜，住三间茅草房。30岁的儿子至今娶不起媳妇。

⊙038 会宁县新添宝乡。

037

038

各种各样的食品铺满了桌子，女儿高兴地吃着，我却没有食欲，只是呆呆地看着她灿烂的笑脸。

我想跟她说些什么，却不知从何说起。蓦地，我问她：“好吃吗？”她抬起头，嘴角还沾着白色的酱料，“好吃。”她说。接着，我跟她讲起我走过的青海，讲起从没见到过这些东西的那里的孩子，讲起那些母亲，告诉她什么是糌粑。

“糌粑不是很好吃吗？”女儿张大眼睛，不解地望着我。

那一刻，我真正地意识到地域的界限有多么深广，它使人们分离，像飞鸟永远不能理解游鱼。一样的孩子，全然不同的境遇。

雨路

2月20日，我从北京出发，坐了16个多小时的火车，21日凌晨到了宝鸡。侯主任已经等了我一天，我们又坐了4个多小时的长途汽车，穿越秦岭，经嘉陵江源头，傍晚到达两当县。

转天，我们计划到站儿巷乡采访，出发不久就下起雨来。我们沿着嘉陵江边的土路往前挪。山路狭窄，会车的时候，必须有一辆停下来，另一辆才敢慢慢地蹭过去。稍有闪失，车就会翻下山去，怕骨头渣儿都找不到。

我坐在司机旁边，两手紧紧抓住车前的把手，目不转睛地盯着前方，因为紧张出了一身的冷汗。我开车也有几年了，自觉技术不错，但这样的山道，打死我也不会碰方向盘的。

039

⊙039 每天中午一碗面片汤和一碟泡菜是作者在西部采访较好的吃食。

雨越下越大，车已经不能开了。我提议步行去，出于安全的考虑，被否决了。进退维谷中，决定转道泰山乡，因为路好走些。

我们可以转道，站儿巷乡的人呢？我愈发想去站儿巷乡了。我想知道那里的母亲是怎样生活的。如果我们只能帮助一个人，那么她应该是最需要帮助的。那时“幸福工程”也只起步几年，救济资金还不多。同行的县计生委李宝成主任，看见我的执着，答应我天气好了再去，但最终没能成行。那里的母亲或许正盼望着呢，这是永远的遗憾。

大骨节病

到泰山乡的路好走，但也好走不了多少。2月，天气还冷，路面湿滑。李宝成主任几次下去推车，浑身透湿回到车上，连打寒噤。

这样连开带推，晚上8点才挨到泰山乡。

“泰山乡位于两当县的东南部，距离县城50多公里，属于深山林区，自然条件极差，土地贫瘠，高寒潮湿，偏僻落后。”乡党委书记刘晓勇晚上见到我，这样介绍。第二天我去泰山乡同心村采访，才知道，这些话语在现实中是多么残酷。

同心村地处海拔1200米以上，散居着30几户人家，山地坡度极大，最大坡度将近60度。水土不好，有许多村民身患大骨节病。

大骨节病多发于青少年时期，最明显的特征是关节肿大，行动不便，身材变矮。我见到57岁的杨秀时，她的身高只有1.3米，扭着变形的腿，摇摇晃晃从坡下取水上来，灰土色的脸上挂满了汗珠。

⊙040 杨秀，57岁，泰山乡同心村人。全家4口人，8亩山坡地年收成750公斤粮食，人均收入不到300元。家有一头猪。

040

她的女儿已经出嫁，儿子今年24岁，还没成亲。她望着自家破旧的茅屋，问我：“这样的房子，哪家的女娃愿意嫁来？”

贫病交加的日子，像雨中的山路，难走，却还要走。

我问当地的干部，像杨秀这样的家庭有没有办法脱贫？他们说有，只要改良水质，就能治好她们的病。山里还可以养一些木耳这样的菌类。

但据我所知，大骨节病至今病理不清，病因不明，更没有特效的治疗办法。有些地方考虑过综合治理，如易地育人，更换口粮，移民安置，因成本大且难推广而搁置。据说，食用大米，注意粮食保管能够在一定程度上预防，但当地少有水田，运输不便，气候又湿冷，这些预防措施难以实现。

至于养木耳，那是需要启动资金的。刘晓勇苦笑着望着

041

⊙041 韩虎罗家一天三顿饭的土豆维持不了几个月，口粮基本靠政府救济。

我：“你也看到了，就我那个乡政府，全部交通工具也就是那3辆摩托车。”

偷土

礼县[注]，秦始皇的祖籍，多少名人的家乡。但历史的辉煌并不顶用，到礼县的路依然难走，而且越来越难走。山路上有冰雪覆盖，稍有不慎，车子就像抛在冰面上的石砾，止不住了。有一回倒车，车子一震，司机踹了一脚刹车，一个后轱辘已经挂到了悬崖外面。我在车上回头望了一眼，心猛地一缩，浑身发凉，汗出如浆，魂魄已经飘出体外，不知飞到什么地方去了。

途中，我们也谈到过行路的危险，谈到车毁人亡的事故，当地人语调平淡，仿佛家常便饭一般。或许时间长了，麻木了，路再险，也要跑，这次没有掉下去，那就继续开吧。

300多公里的路，走了8个小时才到礼县。转天到白河村采访，又是9个多小时的车程。

白河村在当地小有名气，因为村里有一个市场。说是市场，不过半集半市，我们到时，做买卖的并不多。据当地人说，逢到集

注：礼县地处甘肃省南部，陇南山区的北部，海拔1100米—3321米。总面积为4299.92平方公里，总人口513580人。由于人口众多，自然条件差再加上交通闭塞，文化比较落后，有37.5%也就是近17万人没有解决温饱问题，有3.21万个贫困育龄妇女由于历史和经济的原因，过着非常贫困的生活。礼县是财政靠补贴，花钱靠救济的国家贫困县。

042

⊙042 患白内障的李金锁每天要给丈夫输液。

日，市场上人山人海，热闹非凡，已有百余年的历史了。

虽说有商贾传统，眼下的白河村却很贫困。

结婚24年的韩虎罗，那年44岁了，一天书也没有念过。她有两个女儿，也都因贫困没上过学。她家的土地很少，只有1.3亩，而从她家走到田里则需要两个多小时。

因为地离得太远，难以照管，所以经常有人偷她家地里的土。

“偷土？”我从没听说过。

“偷土盖房子。”她说。

当地大都是土坯房，土是重要的建材。在山区，土层很薄，这种看似平常的建材也不容易得到，所以会偷。

田里的表层土壤富含养料，当地叫作熟土，适于庄稼生长，也最容易偷，熟土没了，露出下面的岩石，树还能长，但庄稼就很难种活了。

去年韩虎罗家只收获了100公斤粮食，仅够一家4口人1个多月的口粮。

韩虎罗也曾忍着夜晚的寒冷，去地里“看土”，到了半夜，偷土的来了，个个是“壮劳力”，她不敢去劝阻，眼睁睁地看着他们把自家种粮的土偷走。

贫病总是相连的，韩虎罗1991年得了腰痛病，疼起来整夜难眠，劳作更显得力不从心。但看病，对贫困至此的人，显然是一个奢望。

大部分时间里，韩虎罗家的生活靠政府救济和邻人帮衬。出于无奈，她只能把10岁的小女儿寄养在别人家。5个月前，17岁的大女儿悄悄出走，夫妻两个找了好久，一天他们突然收到了300块钱，是大女儿从兰州寄来的，她在那里打工。

“也不知道她干的什么活儿。”韩虎罗望着我。

一碗面片

2月28日早晨，宕昌县城关镇张海山书记派了辆车，要送我到离县城20多公里外的车拉乡。车一上路，司机就开始嘟囔，说油不够了。为加油的事情，他还和县计生协的陪同干部吵了一架。

这辆皮卡车是镇上跟县里借的，因为是县里的车，所以也要花县里的油钱。县里的人仔细算了一下路程，说加30块钱的油就够了。司机为了保险，要加50块钱的。双方各不让步，争执起来。我提出自己出钱加油，可为了县上的体面和司机的尊严，双方都不同意。没办法，我只能在一旁听他们越说越急，争得面红耳赤，直到我完全听不懂他们在说什么。

20分钟后，司机妥协了，加了30块的油。所幸县里计算准确，油够了，但真没什么富余。

在极其贫困中，一个铜板必须掰几瓣儿花。在这里，节俭是不必提倡的，节俭是生存的法则。

上午10点，我们到了车拉乡，路况太差，只好改乘乡里的吉普车上山。这辆乡里惟一的汽车，已经破得要散架，一路上叮当乱响。

我们没能到达目的地车就走不动了，不是车坏了，而是山体滑坡。

路整个被堵住，乡长说明天就派人来修。我不愿耽误采访，决定弃车爬山。山脊上有许多积雪，寒风吹过，冷到心里。

12点多钟，我们到了茹树村，见到了茹树村的村长。

村长算富户，家中屋顶和墙壁都用报纸裱糊过，有火炕和两只木柜子，家里还有一辆自行车。正值中午，村长请我们这些“上面来的人”吃了顿面片。擀好的面皮切成宽条，往清水里一煮，再放些土豆和酸菜，没有一点油星，在当地已算是很好的饭食了。

下午走访了几户人家，晚上，就住在村长家里。

村长的妻子早早为我们烧热了土炕，没有电，大山里的夜晚格

⊙043 村民们用担架抬着马路桃在山路上。

⊙044 马路桃，28岁，全家6口人，5亩坡地，人均占有粮食100公斤，人均收入不到300元。

⊙045 一村民在吃面片。

⊙046 村民们用做好了的担架抬马路桃回村。

043

044

045

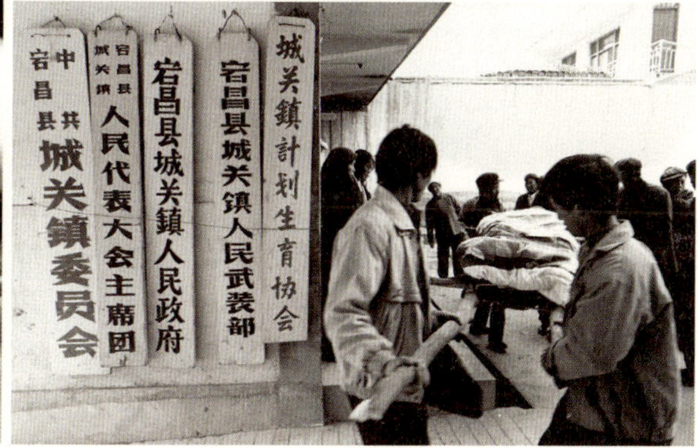

046

外寂静。守着火盆，女乡长李琼用小罐儿把面、花椒和山籽油搅和在一起，给我们这些远道来的人做当地特色的油面茶。村长拿出了招待贵客的干馍，像是高粱面做的，嚼起来掉渣。村长的孩子远远地望着我们，睁大眼睛盯着我手里的干馍。

第二天回到城关镇，准备再去坡头村采访。坡头村有5个组，分布在5个山头上，镇上的干部说，要把5个组都走下来，至少得一个星期。从这个山头到那个山头，看着挺近，可当地人都要走两三个小时。我只好选了最近的红崖组。

出发前，看见镇政府计划生育服务站前聚了一二十人，不知在做些什么，我走过去，见他们拿着木头和布，在搭着什么东西。

“担架，抬病人用的。”有人告诉我。

“什么病人？”

“马路桃，做结扎。”

马路桃是坡头村的村民，刚做完手术，自己走不了，车又雇不起，所以全村的男劳力一齐出动，准备倒班把人抬回去。

照惯例，这样的事只能靠乡里乡亲帮忙，受助的主家为答谢帮忙的人，会准备一顿好饭食。

我决定跟随他们采访。

可没走出多远，就被村民们落在了后面，我咬着牙往前赶。3个小时的路程，惯走山路的村民歇了几次，我到了村口，便直接瘫在了地上，只剩下大口喘气。一位老太太怕我着凉，让我到她家去歇歇，我喘着气去了，发现她家里和村口一样，很冷。

等我喘匀了气，找到马路桃家，院子里已经坐满了刚才抬担架的人。“好饭食”已经准备好了，一口大锅，里面浮着白色的面片，一人一碗，大伙忘情地吃着。碗大，可面片不多，每人还有限量，只有一碗。

马路桃是“病号”，吃的稍好一点，同一个锅里盛的面片，再加几片土豆。

我想起茹树村村长家的那碗面片，喉咙里发堵。

儿子偷了母亲的猪

红崖组的组长叫马猫，一位40多岁的汉子。他家里有4亩地，人均口粮100公斤，仅够维持八九个月。

他家所有的现金是靠儿子每天到镇上打零工赚来的。情况好的时候，一天能够赚到5块钱。但去镇上干活，午饭就只得在镇上吃，一般是一碗面条，晚上带回家的就只剩两三块钱。情况不好的时候，分文没有，只能饿着肚子回家。

马猫大小算个干部，村里的事总要靠他张罗，自己的家则由他的妻子和儿媳操持。马猫告诉我，全村人穿的衣服，基本都是外省市捐赠的，他穿的也是。

马猫领我到村头坡下一处人家，说是有故事。

在那里，我看到了一座快要完工的土坯房，墙、房顶都建好了，只是门窗之类的东西还没有装。

53岁的马成翠见我们来，激动地用双手比划着。

“她是个哑巴。”马猫介绍。

家里只有马成翠和儿子，丈夫12年前就死了，她一人拉扯大一对儿女，日子艰难，可想而知。我们到时，19岁的女儿到镇上打工去了。全家3亩土地，2000年的人均收入只有50元。

047

048

⊙047 望着“半拉子”工程，马成翠一筹莫展。

⊙048 马邱家娃的屋里家徒四壁。

她家的新房毕竟要盖好了，我想。

“她儿子要娶婆娘。”马猫似乎猜出了我的心思。

当地的风俗，男方娶亲必须有房子，没房，连相亲都不可能。

忽然，马成翠冲过来，一只手抓住马猫的胳膊，一只手在空中比划着，嘴里发出“啊啊”的声音，拉着他往猪圈去。

马猫被她拽着，边走边回头对我说：“又要说那件事哩。”

猪圈里没有猪。

“原来是有猪的。”马猫在马成翠“啊啊”的焦急声中给我解释，“猪是去年赊养的，准备过年时打打牙祭，再卖些钱买粮食，可让人给偷了。”

“找着小偷了吗？”

“找着了，但治不了。”

“怎么呢？”

“她儿子偷的，偷着卖了，卖了500块钱。”

“儿子偷母亲的猪？”

“还不是为了盖房娶婆娘。”

母亲开始不知道是儿子偷的，看见儿子盖房，不知哪里来的钱，问也没细说。后来，是女儿听哥哥无意中说起卖猪，告诉母亲，她才知道，哭闹了好几天。马成翠有话说不出，只能“啊啊”地喊，比划着没有多少人能看懂的手势，用力地揩着泪水。

母亲的猪给儿子卖了娶亲，也不能算太悖理的事情，儿子不小了，也是该娶亲的时候了。可房子快盖好的时候，钱花完了，材料没钱买了，帮工的虽说关系不错，也知道他家困难，但也都要顾自己的生活。猪没了，赊账的钱还没还，土坯房半拉拉立在那里，不知还能不能最终盖完。

马成翠哇哇地哭了起来，显然，她知道马猫在跟我说她的遭遇。

“她说她有个不争气的儿子。”马猫盯着马成翠的手势，“娶不上媳妇就打娘。”他冲到在半拉子土坯房前站着的儿子跟前，一把将他揪了过来。

“你还打你娘吗？你个混球！你娘容易吗，你还打她？讨婆娘？哪家的女娃会嫁给你这个不孝的混球！”

小伙子低着头，任凭马猫教训着，嘟囔道：“我改了还不成么？”

马猫把脸转向马成翠，朝她笑着，连说带比划，“他认错了，不会再打你了。”

049

050

水煮开了，可依旧是黄的

陇西县位于甘肃省东南部，其中的福星乡位于渭北干旱地区，这里最严重的问题就是缺水。

福星乡共有2917户，12802人，有节灌水窖1670眼，占全乡55%。而全年降水量平均只有350—400毫米。

31岁的刘引引就住在福星乡的鹿鹤村，是村里的贫困户，建不起储水的水窖。一家老少6口，加上一头牲畜，每日的饮水要靠刘引引去担。水源地离她家有四五里路。乍一听，不算太远，但全是坡地，路又难走，往返一趟需要1个多小时。每天，刘引引必须往返四趟，走上近6个小时，才能维持整个家庭对水最基本的需求。

担水的地方是黄土沟壑间的一条小河沟，我到时正是冬天，冰

⊙049 齐二女家做饭的灶台。

⊙050 杨九月秀和儿子一起生活，家有1亩地，人均占有粮食50公斤，无任何经济收入，生活靠政府救济。

051

封雪冻，她用干裂的手握着铁钎，费力地在冰上凿出一个窟窿，然后用铁勺，一勺一勺地将土黄色的水舀到桶里，桶不很大，若换更大的桶，就走不了山路了。

莽莽黄土高原之中，刘引引挑着水桶，在山梁上蹒跚而行，身影愈显渺小，这条路，她默默地走过多少个来回，怕是自己也说不清了。

辛苦担回的水十分浑浊。

“这水能喝吗？”我问。

“放放就行了。”

刘引引把挑来的水先倒在一个桶里，沉淀一宿，再把这个桶里上层的水，舀到第二个桶里，再沉淀。有条件的，放些消毒的药物，刘引引家没条件，第二个桶里的水，就舀出来烧开饮用了。

这个家的水还有另外一个来源，屋角处一只锈迹斑斑的铁桶里，收着从外面拾来的碎冰，冰很脏，正慢慢地融化着。

刘引引给我端来一碗水，这是当地人对客人最高的待遇。水煮开了，可依旧是黄的，我端起来喝，一股土腥味，可我知道，它有多金贵。

⊙051 刘引引家建不起水窖，她每天要到大山沟里挑水。山道弯弯，似乎苦无尽头。不知这样的路，她还要走多久。

052

小型相机彻底摔坏了

吉普车停在了路边，乡干部告诉我坡下的那户人家是“幸福工程”扶持的养殖户，车开不过去只能顺着坡走下去。我背上两台相机，手里拿着一台小型相机跟着乡干部往坡下走。

我侧着身子走了没几步，忽然脚下一滑身体失去平衡，顺着土坡摔出四五米，霎那间，我本能地护着哈苏相机，爬起来顾不上胳膊腿的伤，先看相机是否摔坏了，如果相机不能工作，我就得打道回府了。

还好，背着的两台相机没有摔坏，镜头盖不知哪去了，镜头里都是黄土和冰碴，但小型相机彻底摔坏了。乡干部在坡下帮我找到了镜头盖，侯冲锋主任用创可贴一边帮我包扎摔破的右手一边说：“哥们儿，可得当心呀，你有个好歹我可没法交待。”

乡干部告诉我，刚才踩在了一块上面覆盖着黄土的冰上。

康岁巧家，只有她丈夫一人在院子里翻肥料，见我们来急忙放下手中的活儿，给我们到水，水很混浊。

053

054

"孩儿他娘一大早赶着骡子下山到沟沟里吃水去了。"

"能带我去牲畜吃水的沟沟那吗？"

"能行。"他爽快地答应了。

我背上擦干净了的相机跟着他往山下走，牲畜饮水的地方是沟壑间的积水坑，有四五平方米的样子，是村子最低洼的地方，一下雨，周围的水都往坑里流，成了牲畜饮水的地方。

康岁巧43岁，有两个孩子，1997年前，这个家人均收入不足400元，在村子里属特困户，大女儿没有读完初中便辍学在家帮助父母做农活。1998年"幸福工程"资助她家1000元扶贫款，加上政府的扶贫资金4300元，她开始养猪和种植药材，生活渐渐有了变化。到2000年总收入将近万元，猪存栏13头，有两头大家畜，又修了两眼积水窖。

"不是有水窖了吗？怎么还牵着牲畜到这儿来饮水？"

"水窖里的水是下雨存的，农闲时我就每天牵着它们到这来，节省水呀。"

康岁巧是一位性格开朗的女人，得知我是来采访"幸福工程"

⊙052 康岁巧，43岁，陇西县福星乡鹿鹤村人。全家5口人，1998年接受"幸福工程"扶贫款1000元和扶贫资金4300元，发展养猪及种植药材，现年人均收入1700元。

⊙053 柳荷琴，24岁，礼县中坝乡新寨村人。全家3口人，1995年幸福工程捐助两只小尾寒羊，平均每年出栏4只，存栏8只，人均收入达到1200元。

⊙054 刘归兰，32岁，陇西县高塄乡高台村人。1998年接受"幸福工程"项目款3000元、扶贫资金4000元，发展面粉加工和养猪，经过多年努力，现年人均收入2200元，盖起了四间砖瓦房。

母亲捧出的不仅是一杯热茶，更是她对"幸福工程"的感激之情。

的，黑红的脸在我的镜头前绽开了笑容。

我再苦也要让娃念书

2006年1月4日，我第二次去甘肃，到了会宁。和第一次不同，我带了用于捐助贫困母亲的8000元钱。这是北方网网友义卖所得，幸福工程组委会托我带给贫困母亲。

和上一次一样，我一到就赶上了变天，大雪漫天，不知是我的运气格外差，还是那里的天气就这样。

道路不通，下去采访是不可能了，只能在会宁县城周边转转。

我去了马玉梅家，她31岁，是新添堡乡道口村下坝社人。家里有1.8亩水浇地和14.2亩旱山地，一年的收成仅够全家5个月的口粮。2002年5月，她的丈夫因病去世，家里只剩下她和两个女儿，女儿都在上学。

我见过太多因贫辍学的孩子，马玉梅家里只有她一个劳力，如何支撑两个孩子的学费呢？

“搬砖。”她说。

⊙055 马玉梅往家里拉秫秸杆。

当地有砖瓦厂，烧好了就需要人搬。可砖瓦厂不是天天烧砖，烧时要人，不烧就不要。砖瓦厂的老板知道马玉梅的家境，很照顾这位两个孩子的母亲，只要去得早，她总能干上活。

搬一天砖，9个小时，12块钱。而两个孩子的学费是360元，虽然政府已经减免了100元，但还有260元要交。2005年，她的收入是500元，债务是3000元。

不搬砖的时候，马玉梅要照顾地里的庄稼，家里家外全靠她一个人操持。

我问过她，只30来岁，为什么不再嫁，至少能多个劳力，生活也有人帮扶。她说，当地的青壮年不会要结过婚的女人，再嫁，除非是老人，可那样就又要抽出精力照顾他了。

"我再苦也要让娃念书。"马玉梅说，"我没念过书，受苦。娃念了书，就不受苦了。"她话很简单，眼睛闪着光，好像已经看到了"不受苦"的明天。

马玉梅的愿望是开个小卖部，能赚钱，又好照管庄稼。

我带了8000元钱，计划帮扶4位母亲，每人只能得到2000元。而2000元实在开不起一个小卖部。我问她还有什么想法，她说希望养头牛。我了解了一下，2000元能买一头不错的秦川母牛，当年就能产犊。我告诉她，让她过两天到乡里领牛。

她哭了。

一头牛，不能马上带来收益，但却是一个可倚靠的希望。

⊙056 马秀花看着孩子的照片痛哭。

⊙057 马虎艳，38岁，大寺村北堡子社人。全家4口人，2个孩子每年学习费用700元。家有17亩旱山地，承包16亩，因旱灾粮食收成减少，借钱买粮，现欠外债1500多元。

儿子得了败血病

马秀花家的房子很好，有两所好几间，比我以前见过的贫困家庭看着要好，但屋子里空空落落，和那些家庭没什么两样，甚至更差，只有一个土炕，两个柜子。

马秀花的丈夫每年到兰州打工挣钱，后来还买了农用三轮车，帮砖瓦厂拉砖，收入不错。马秀花则在家养牛，也能挣些钱。两所房子就是他们的劳动成果。家里两个孩子，一姐一弟，都在上学。

直到有一天，他们的儿子被查出患了败血病，家里的生活急转直下。

056

057

败血病是一种严重的感染性血液病，白求恩大夫就死于这种感染。可如果治疗得当，有可能痊愈。

马秀花先是把三轮车卖了3900块钱，但县医院治不了儿子的病，要到兰州去看，又把5头牛卖了9000块钱，加上借的2000多块钱，在兰州住了1个月的医院，钱就花光了。只好转到定西市医院，没钱了又转回会宁县，父母两个给孩子输血，可还是不见好，最后，没得可卖，没得可借，只能回到家里。

夫妻俩考虑卖房给孩子治病，可孩子没等上，死了。

马秀花如今望着儿子的照片过日子，一看到孩子的脸，泪水就掉下来，“娃啊，娃啊，妈妈在看着你哪，娃啊……”她扑倒在照片上，撕心裂肺地哭喊着。丈夫曾经把照片藏起来，马秀花找不到孩子的照片，哭得更厉害了。

我和她商议，过两天也到乡里来领牛，再把养牛的事干起来。

她又哭了，断断续续地告诉我，现在的希望都在女儿身上了，希望她能好好读书。

第一头牛

1月6日一大早，母亲们到乡里领牛。除了马玉梅和马秀花夫妇，还有同乡的郭秀珍和马虎艳夫妇。郭秀珍的丈夫前不久突然昏倒，乡卫生所没有查出什么病来，只让回家输液，已经欠下了1500元的外债。马虎艳家里也有两个上学的娃娃，一年700元的学费，要用去全家半年的收入，加上连着两年旱灾，粮食减产，要靠借钱买粮，也背着1500多元的外债。

“幸福工程”的帮扶实际是一种无息贷款，给贫困母亲提供一些生产资料，几年后还清，再用于帮助其他的贫困母亲。具体到这几位母亲，就是要么还2000元钱，要么直接还一头牛。

当地人深谙养牛之道，自己没牛的，也给别人养过，“几年后还清”并不是什么难事，所缺的，就是这第一头牛。

上午，几位母亲都到了新添堡回族乡养殖中心，她们都换了身衣服，虽然不新，却干净、整齐。几位母亲都不会写字，在领牛的文件上按了手印，久违的笑容又出现在她们的脸上。

回去时，她们手里攥着拴牛的绳子，仿佛攥着一个美好的希望。

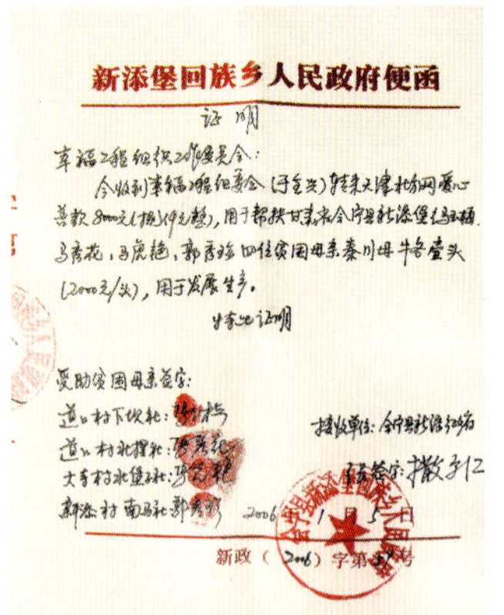

新添堡回族乡人民政府便函

证明

幸福工程组织工作委员会：

今收到幸福工程组委会（[illegible]）转来天津北方网爱心善款8000元（捌仟元整），用于帮扶甘肃省会宁县新添堡乡马玉梅、马秀花、马虎艳、郭秀珍四位贫困母亲秦川母牛各壹头（2000元/头），用于发展生产。

特此证明

受助贫困母亲签字：

道口村下坎社：马玉梅

道口村[illegible]社：马秀花

大寺村水堡子社：马虎艳

新添村南马社：郭秀珍

接收单位：会宁县新添堡乡政府

经办签字：[illegible]

2006 1 5

新政（2006）字第[illegible]号

058

059

060

⊙058 牵牛回家。

⊙059 马秀花得到了一头牛的帮扶。

⊙060 母亲们笑了。

妈妈跟我一样可怜

2007年暑假，我在贵州采访，组委会葛振江主任打来电话，“幸福工程”形象代言人、名模马艳丽8月初带领“幸福工程扶助贫困母亲甘肃行”团队到甘肃，让我从贵州赶过去协同采访。

我们去的第一户是榆中县的马坡羊下村安桂兰家。

一进门，就见炕上齐刷刷地坐着三个人，用棉被盖着下身，她们就是因麻痹症已经瘫痪的母亲安桂兰和两个营养不良、发育不全的女儿。大女儿薛梅13岁，小女儿薛红8岁。

屋里只有一张炕，没有椅子。安桂兰不仅瘫痪，眼睛还严重斜视，如果不说，你很难想象，这位两个孩子的母亲只有33岁。

一下来了这么多人，她们显然被吓到了，母女三个人蜷缩在炕的那头，远远地看着我们，神情胆怯。

“这有什么怕的呢，太没见过世面了。”随行的年轻人很不理解。

她们或许真没“见过世面”，除了赶集，恐怕连县城也没去过，因为她们太穷了，而出门要钱。

薛梅的学习成绩很好，总是在班上排前四五名。马艳丽问她，

061

062

⊙061 马艳丽在甘肃安桂兰家。
⊙062 依依不舍。

每天既要照顾妈妈又要照顾妹妹，还要自己上学，觉得辛苦吗？她摇了摇头，“不辛苦，因为妈妈跟我一样可怜。”

这话出自一个13岁的女孩，真让人心痛。

我们没有在她家待很久，临走时，两个女孩坚持送我们，土路不长，一会儿便走完了，她们却迟迟不肯回去。

在宁夏

2001年3月/2005年1月/2007年8月

063

⊙063 西海固地貌。

一段采访录音

我现在还保留着很多当时的采访录音，有一段是这样的：

我叫李玉霞，现年40岁，是宁夏惠农县庙台乡通丰村二队农民，生育两个女娃，1992年我响应国家生育政策做了绝育手术。全家4口人经营着9.6亩耕地，我和丈夫文化程度低，一直按照传统的耕作方式从事着以粮食生产为主的种植业，家境十分贫困。

这几年，我眼巴巴瞧着别人家和我女儿一样大的男娃能帮父母干农活，我既羡慕又着急。两个女娃上学要支付学杂费，看着长期居住的破旧不堪的土坯房得不到翻建，生产上没有足够的资金投入，又没有精力考虑干什么项目好，想一想等两个女儿长大出嫁后，我们夫妻将如何面对这种近乎穷困潦倒的日子，使我实在鼓不起生活的勇气。

1998年，村计生协会长动员我加入协会组织，同年年底，“幸福工程——救助贫困母亲”活动在我县开展，我作为贫困母亲被列为首批救助对象。面对我一穷二白的家，县乡幸福工程领导小组的同志帮助我制定了致富项目计划，根据我家靠近109国道和临近县城的优势，鼓励我建造日光节能温室，从事温室蔬菜的种植经营。开始我顾虑较多，自己一没有技术，二没有资金投入，怎么干？万一建起来挣不了钱，还不了国家，不更是雪上加霜吗？我该如何是好，但县乡村协会的同志多次上门给我讲形势、讲政策，帮我分析市场行情，通过算帐对比，使我心情豁然开朗，受到启发。我相信，有组织的帮助，有我们夫妻吃苦耐劳的决心，就一定能把温室经营好。于是我请来了亲邻帮我建温室，县幸福工程项目办给我投入项目启动资金2000元，乡计生站投入配套资金2000元，共计4000元的投入，解决了建温室的费用，从选择品种、栽植管理等各个环节，乡计生站的同志请农业技术员定期或不定期地到温室给予指导。当我看到满棚翠绿的黄瓜一天一个样的时候，心里有说不出的喜悦。因为我知道，这不仅栽种着我对幸福生活的向往，同时包含着县乡幸福工程领导小组全体的深情以及国家幸福工程组委会的关心与厚爱。于是我投入到温室中，在农技人员的帮助下，第一棚黄瓜仅两个月便有了收获，纯收入6000元。当我第一次通过自己的劳动，获得这么多钱时，高兴得不知说什么好，我觉得生活有了盼头，好日子开始了，我要让俩个女娃好好读书，长大有出息。

064

⊙064 李玉霞接受“幸福工程”救助种植大棚蔬菜，如今已经摆脱贫困，走向富裕。

有了温室蔬菜这个项目，经过半年的劳作，我也学到了许多温室蔬菜种植管理技术，再加上经济收入可观，于是，我与丈夫商量，将第一棚菜的收入再建一座温室。在农技人员的指导下，我一边学技术一边精心培植着每棚蔬菜，功夫不负有心人，自1998年10月受幸福工程资助建起温室到1999年12月，我的两个温室种了4茬菜，纯收入达2万元，这一年我在忙忙碌碌中过去，也是这一年从来没有的满堂欢声笑语洋溢着我们家，我们拆了3间旧房，盖起了5间砖房，两个女儿再没有因为交不上学费而为难，这年7月，大女儿考上市重点高中，真是“幸福工程”给我们全家带来了福音。

“幸福工程”引我走上了致富路，使我家富裕起来了，同村的姐妹看到我家奇迹般的变化，纷纷向我询问有关知识，我作为计生协会的一名会员，当然不能只顾自己，主动向村协会申请，积极联系本组3户计生贫困户，无偿地给她们提供种苗，毫无保留地将自己学到的温室蔬菜栽培技术传授给她们，帮助她们调整种植业结构，当年联系的3户贫困户均收入增加了3000多元。

“致富思源，富而思进”，我衷心地感谢党的富民政策，感谢幸福工程给我带来的这份来之不易的福份，我决心在搞好自己家庭经济的基础上，尽最大的努力去帮助其他贫困母亲，让她们早日过上像我今天一样的好日子。

像李玉霞这样得到幸福工程组委会帮扶后脱贫的贫困母亲，我采访了5户。在我们即将离开时，村里的几位贫困母亲追着我们要幸福工程扶贫款。

“到我家瞧瞧吧，孩子她爸病了几个月了，没有钱给他瞧病，我们不打算再生（孩子）了，帮我们家建个大棚吧，我有能力干好，一年内就可以把国家的钱还上，求求你们了。”

一位贫困母亲拉着县计生协会的同志述说着自己家里的贫困状况，区计生协秘书长魏艳华耐心地向她解释，组委会的资金有限，扶贫款再下来时一定帮着解决。

她叫吴少兰，26岁。家里的3亩地每年只够全家八九个月的口粮，其他几个月要靠丈夫到外打工贴补，丈夫这一病，打工的补贴便没了着落。她1997年生了双胞胎女儿，家里没有任何牲畜，只有两间土坯房。

吴少兰跟着我们走到村口，看我们上了车，还扒着车窗不停地说着。

汽车慢慢开动，车后卷起一片尘土，我回望淹没在尘埃中的吴少兰，心里异常难过。

草帘

灵武市郝家桥乡西渠村的村路两旁，家家户户都在编草帘子，路边、院落里，编好的帘子堆得到处都是。

魏秘书长介绍，西渠村是远近闻名的草编村，几乎家家都搞草编，收入也不错，日子过得红红火火。这个村有500多户，2000年靠编织草帘子收入400多万，最高的一家可收入3万多元，最少的也近万元。草帘子销售到西北5个省，在9、10、11三个月旺季时供不应求。

村边的公路停满了来拉货的大卡车，证明了魏秘书长的话，收草帘子的商家都带着现金，要等一两天才能装满车拉走。

张秀琴家的院子里到处都是稻草，她的丈夫正和雇来的两个女工在编织机前编草帘子。张秀琴不在家，娘家盖新房缺人手她去帮忙，丈夫听说我们是来回访“幸福工程”的，放下手里的活儿，骑

065

⊙065 马桂莲，28岁，灵武市东塔乡宋桥村人。全家4口人，2000年接受“幸福工程”扶贫资金2000元，饲养奶牛和山羊，三头奶牛每天可产130—140斤牛奶，纯收入50元，一年总收入将近15000元。

上摩托车去接媳妇。

等了半个小时，丈夫没能把媳妇接回来，张秀琴赶集买菜去了。

张秀琴全家4口人，村里刚开始有人从事草编时，她家却依然如故，经济收入微薄，孩子的学杂费都是东拼西凑来的。

一次偶然的机会，张秀琴听说了“幸福工程”的事，于是找到乡计生站询问具体情况。计生干部向她讲述了开展“幸福工程”的目的、对象及实施细则，考察了她家的情况，决定对张秀琴资助2000元发展草编。她用帮扶款和筹备的一部分资金买了一台脱草机，和丈夫一道拼命干了一年，当年便还清了“幸福工程”款和借

066

款。为了提高效益，张秀琴又筹资购买了一台草帘编织机，每天能打帘子100多个，每个利润5角钱。

两年下来，张秀琴家有了一定的积蓄，家电也都备齐了，闲时还会唱唱卡拉OK。

经济条件改善了，日子也就过得舒心，张秀琴把主要精力放在了孝敬公婆和照顾子女上。公公喜欢听秦腔，她专门买来磁带和光碟，婆婆的胃不太好，她就变着花样做适合她口味的饭菜。邻居有困难，她也能帮上忙。

张秀琴的丈夫说起“幸福工程”很是感激，称之为爱心工程。

⊙066 1997年3月，杨志萍用“幸福工程”扶贫款2000元购买一台草帘机，当年收入近1万元，现人均收入达到5000元。

西海固

我采访的贫困地区有两个特点是共同的，一是交通不便，二是自然条件恶劣。交通不便，物资、信息都无法到达，使得贫困地区成为一个孤岛，时间在那里仿佛都凝固了。

交通还使劳动力输出成为问题，比如西海固人，常常去不了东部的大城市，他们就选择去新疆，内蒙古等地区，做摘棉花一类的工作。一去两三个月，带回千把来块钱，这种收入和大城市相比差了很多，但比在当地干活要好。

西海固位于宁夏南部黄土丘陵区，由西吉、海原、固原、彭阳、泾源、隆德、同心七个国家级贫困县组成。这里长期干旱，水土流失严重，年平均降雨量在300毫米左右，蒸发量则要超过1000毫米，各种自然灾害频仍。联合国教科文卫组织考查后说，这里不适合人类生存。在这片不适合人类生存的地方，居住着100多万人。

缺水，是这里最严重的问题。到这里的住户家讨水，他们宁可给你油喝，也不愿给你水，这里的水是比油还要金贵的。

我见到的所有的水井，都是有盖子的。汲水的绳子，短的几米，长的十几米。冬天如果下雪，一定会把雪撮起来，倒到井里，盖好盖子，防止蒸发。因为缺水而绝收，在这里和日出日落一样平常。

我在海原县采访的途中，遇见周套村的妇女罗正芳，她家的地连续几年没什么收成了，但每年，她和丈夫依然会借来牲口，不误农时地耕种着。

“今年能有多大把握？”我问的是收成。

她抬起头，舔着干裂的嘴唇，望望龟裂的土地，摇了摇头。

“我宁可把种子丢在地里，没了，也不能让种子烂在家里。”

因为如果赶上有雨，地里长出来的庄稼，不仅够种子，还能吃几年。

在我看来，这简直就是赌博，而且胜少败多。但生活在这片土地上的罗正芳，一直是这样赌着过日子的。

沙尘暴

我在海原县赶上了真正的沙尘暴。

那是2001年3月12日，一早就起了些风，我没太在意，按计划到西吉县去。

半路上，风大起来，沙子跟着扬上了天，天不见了。车子周围

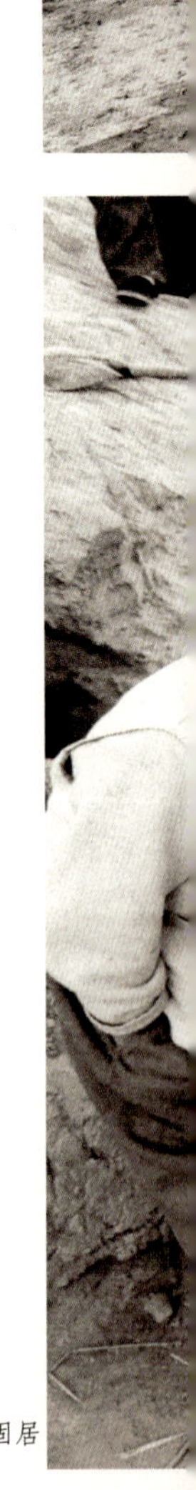

⊙067 西海固地区水贵如油。
⊙068 西海固用水窖储存水。
⊙069 在不适合人类居住的西海固居住着100多万人。

067

068

069

070

一片土黄，能见度不超过10米，昏天黑地。车子不是在开，而是在蹭。道路坑洼不平，陷进去就很难开出来，车轮在沙窝里空转。

我遇到过这样的情况，为了采访，当时只能弃车步行。

我打算下车看看，一开车门，风裹着沙子劈头盖脸灌进来，鼻子、耳朵、头发、车厢里顿时满是沙子，我只好呆在车上，好在车又往前走了。

当地人最重要的收入是挖发菜，发菜营养价值高，很能卖些钱。但发菜也是当地重要的地表植被，发菜被挖了，地表植被就被破坏了，加剧了当地沙化，使环境变得更为恶劣。政府于是三令五申禁止采挖，但成效不大。

我后来采访过的海原县九彩乡，2004年到2007年，3年没有下过一滴雨。县里100万亩洋芋，80万亩根本没有发芽。原有的5家国家银行陆续迁走了3家，只剩下农行和农村信用社，人们用钱要到同心县去取。县里没有一家国有企业，全县的财政只有500万元。

我后来在西吉县王民乡下赵村遇到一位叫袁秀英的母亲，57岁，丈夫在1999年去世，她有一女一子。女儿早就远嫁，极少回来。儿子结了婚，又离了婚。儿媳自然回娘家去了，儿子说是外出谋生，但自那时就没有了音讯。

家中就只有这位母亲和1000多元的债务。债是因红白两件大事而借的，儿子的婚礼和丈夫的葬礼。贫困中的人，更希望能借着此

071

072

等事情，操办一下，转换时运。最终，时运未转，债上加债。

袁秀英有眼疾，很多活计干不了，只能靠卖草还账。

我去她家的时候，她正在院子里的草垛上捆草。两米多高的草垛，是她一点点码起来的，瘦小的身躯几乎全陷在里面，只露出一张满是皱纹的脸。

不一会儿，讨债的人来了，引来了更多的人，站满了院子。

袁秀英欠他30块钱，两米多高的草垛刚好能卖30块钱。

我替袁秀英还了帐，打发讨账的回去了。

她家欠下的1000块钱的账，要靠多少这样的草垛才能还上啊。

讨饭讨到乡书记的父亲家

杨桂花的家在兴平乡王堡村，我2001年到的时候，村长马进银执意要领我到她家去看看。

头一年，杨桂花和丈夫曾靠讨饭为生，家里全无口粮，当时她49岁。

有一天收获不错，讨到了一小口袋干馍，傍晚时分，夫妇俩坐在锅台前，打开了小口袋，杨桂花拿出一块馍递到丈夫手里，丈夫掰了很小的一角，剩下的又放了回去。

“你也吃呀。”丈夫说。

⊙070 “宁愿让种子丢在地里，也不愿让种子烂在家里”罗正芳说。土地是贫困母亲们生命的寄托，一分耕耘，却得不到一分收获，贫瘠的土地榨干了母亲们的血汗。

⊙071 讨债人来到袁秀英家的院子。

⊙072 袁秀英在2米多高的草垛上。

073

⊙073 马祖格家吃水全靠这口储水窖。水贵如油，水的珍惜，在幼小的心灵里成为一种抹不掉的烙印。

“我还不太饿。”杨桂花把馍包好，放在一只篮子里，吊上了房梁。临睡前，她又看了那篮子一眼。

第二天一觉醒来，篮子还在，但那一小袋干馍不见了。

这一次，丈夫走得远了点，在邻近的沙沟乡，敲开了一家人的大门，一位老人走了出来。

“给点吃的吧。”杨桂花的丈夫说。

老人让他进了屋，“哪乡的？”老人问。

“兴平乡的。”

“咋出来讨饭？”

“没吃的了。”

“不种地么？”

“山旱地，去年只收了200斤粮食。”

“咋整的嘛！”老人拍案而起，吓了杨桂花丈夫一跳。

杨桂花眼巴巴地等了丈夫一宿，急得以为他出了事。

“你整到哪去了？”妻子第二天见到丈夫嚷。

“那位老人，他管饭，还留我过夜。”

“有这种事儿？”

说话时，门外汽车喇叭响了，村长陪着乡党委书记马兴华走了进来。

“咋啦？咋啦？”杨桂花指着丈夫问村长，“他到底咋了？”

“莫慌，没事哩。”村长说。

马兴华走到杨桂花丈夫跟前问，“是你昨个讨饭讨到我家？”

“你，你家？”丈夫不认识眼前这个人。

“我父亲的家。”

“哦？我……”

马兴华坐下了，好久没说话。

夫妻俩不知如何是好。

“是我这个书记没当好啊。”马兴华叹了口气。

“不不，不是，是我们……”

“我父亲臭骂了我一顿哩！”

“这……”

马兴华摆摆手，“往后的日子怎么过呀？”

“不，不晓得。”

“你这个村长也没当好！”乡党委书记望着村长。

“是。”

马兴华掏出了50块钱，塞到杨桂花手里，“别再去讨饭了。”

夫妇俩有些慌，“书记，这……”

“先管上一时吧，家里的地需要多少种子？”

“五十斤。”

马兴华转向村长，“这25公斤的籽种乡里出了，你负责给他们送来。”

“一定。”村长应着。

那天，马兴华在王堡村转了一天，心情沉重地走了。

这就是村长一定要让我去看看的杨桂花家的故事。

窑里贴了一墙的奖状

在固原县大湾乡马场村，谢芳玲一家住在一眼60余年的土窑里，低矮破旧，进门左边是灶台，右边是土炕，炕上摊着两床被子，已经看不出本色了，那是谢芳玲的陪嫁。屋里虽然没什么东西，但收拾得整齐，可见主人的勤快。

当地人畜同住很普遍，中间用一道矮墙隔开，一来防盗，二来黄土高坡昼夜温差大，冬天怕牲畜冻死。

谢芳玲的土窑里大大小小贴了许多奖状。

“是我家女娃的，她上学优秀着哩！”37岁的谢芳玲很骄傲。

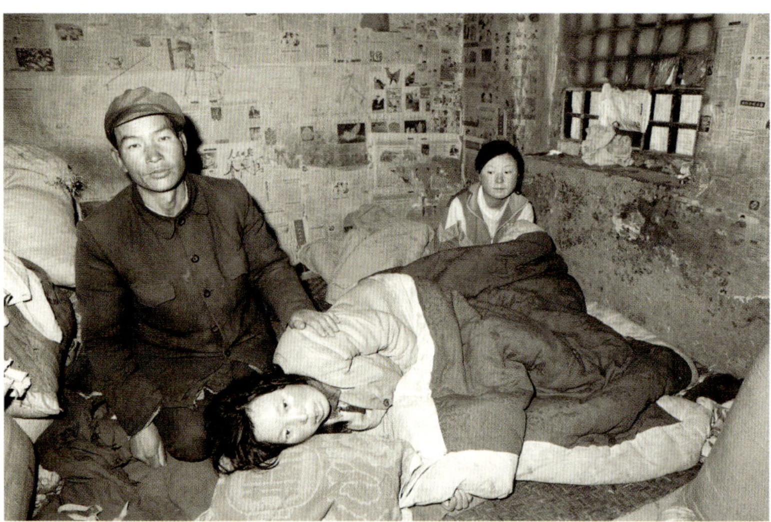

074

075

“我还是‘三好生’呢。”女儿挨在母亲身边。

“好啊！”我称赞道。

“现在不上了。”母亲叹了口气。

“为什么？”

“我这病，咋还上得起学。”

“可是……”

“去年只打了800斤粮食，吃没了，换不来钱。”

母亲哭起来，女娃跟着一起哭。

谢芳玲的丈夫出外打工，家里全靠她一人操持，她病倒了，丈夫只好弃工回家，没了经济来源，她看不起病，女儿也上不起学了。

⊙074 母亲是一个家庭的支柱。谢芳玲病了无钱医治，丈夫无法外出打工，女儿辍学在家照顾母亲。

⊙075 马成梅的家，人畜同居在土窑里。

⊙076 马玉花，32岁，九彩乡黑林行政村南自然村人。全家5口人，三个孩子读书享受两免一补政策，住一间土坯房。15亩山旱地连续三年干旱没有收成，丈夫每年两次外出打零工，2006年带回500元，欠外债5000元，家无牲畜。

076

看着眼泪汪汪的母女俩和那一墙奖状，我不知道怎样安慰她们。

能出去打工总比在家强

采访完固原县蒿店乡几户贫困母亲后，我赶到了同心县[注]。县计生局的车辆紧张，李文才局长还是安排了一辆车带我下去采访。车底盘低，走了一段路，陷进泥里，死活开不动了，司机想尽各种方法，车轱辘只是打滑，我们只得步行。

王团乡马家套子村马艳花家住的是土窨子，有些类似窑洞，不

注：同心县地处宁夏中南部，东西长135公里，南北宽102公里，总面积7018平方公里。境内黄土丘陵起伏连绵，沟壑纵横分布，土壤贫瘠，资源匮乏。气候属中温带干旱，半干旱大陆性气候，常年风多沙大，年平均降水量270毫米，年平均蒸发量2741毫米，自然灾害频繁。

077

078

079

080

081

过是往斜下挖的。马艳花家的土窨子狭窄、低矮，不足8平方米，我得猫着腰才能钻进去。窨子里很黑，除了一个用来做饭的锅台和一个土炕，一无所有。因年久失修，窨子已经塌陷，就是这样逼仄的住处，马艳花还是向兄长借的。

27岁的马艳花家有20亩山坡地，去年全家辛苦耕作，但天气干旱，只收回来100多公斤粮食。我们到时，她刚从娘家背回15公斤小米。

因为是村里的特困户，乡里组织去内蒙古打工，给了她丈夫一个名额，马艳花忙着给丈夫收拾行李。

“能出去打工总比在家强。”马艳花说，“乡里组织的这事太好了。”她似乎看到了些希望。

好媳妇

马贵梅是海原县树台乡大嘴子村铁前沟自然村的，在村里是出了名的好媳妇，她个子不高，话也不多。

她和公婆住在一起，有两个孩子，家里有40亩旱山地，2005年收成了400公斤小麦、6000公斤洋芋，卖了洋芋，买了糜子，还缺着

082

⊙077 柯兰，26岁，九彩乡黑林行政村北自然村人。2个孩子，一位老人和其生活。11亩山旱地除退耕还林3亩每年补偿210公斤粮食外，其它连续三年干旱没有收成。丈夫外出打工，2006年收入1500元，欠外债2700元，家无牲畜。

⊙078 柯义花，30岁，郑旗乡南山行政村小中嘴自然村人。3个孩子，两位老人和其一起生活。25亩山旱地3年没有收成，全家靠夫妻俩轮流外出打工生活，2006年收入1000多元，欠外债3000元。

⊙079 李成梅，23岁，九彩乡黑林行政村北自然村人。1个男孩，住一间土坯房。10亩山旱地年收成300公斤扁豆，卖480元，2005年因干旱没有收成。夫妻俩到外地做小工，收入用于买粮和还债，现欠外债1200元，家无牲畜。

⊙080 保金花，25岁，郑旗乡南山行政村大营洼自然村人。2个孩子，20亩山旱地3年没有收成，全家靠丈夫外出打工生活，2006年收入1900多元，家有一头骡子，欠外债3000元。

⊙081 闫万苹，24岁，郑旗乡南山行政村阴良自然村人。2个孩子，20亩山旱地4年没有收成，全家靠丈夫外出打工生活，2006年收入2500多元。家里没有水窖，用驴到沟里驮水来回需要一个多小时，欠外债2000元。

⊙082 帮扶前的马贵梅。

⊙083 马贵梅得到幸福工程帮扶。

083

5个月口粮，外加7000元的外债。

外债是给婆婆治病欠下的。

“婆婆脑栓塞好几年了，一直在看病，亲戚朋友都借遍了，再也借不出钱了，只好看着她瘫在床上。”

马贵梅的丈夫2005年4月当上了村里的计生联络员，每月有80块钱的补贴，但生活并不因此而宽裕。

“当了联络员就不能出去打工了，”当丈夫的说，“我那时打工一年能挣一两千。”他笑笑，“可村里的工作也要紧，不能不干。”

马贵梅希望养两头牛，那样就有钱给婆婆看病了。

2006年5月，她得到了“幸福工程”和区里帮扶的5000元钱，买了两头母牛，当年就下了小牛。

2007年，我又到她家，得知她的婆婆在头年10月份过世了。牛还养着，但2007年4月份干旱，不得不先卖了一头。丈夫辞掉了村里计生联络员的工作，外出打工，7000元的账已还掉了6000元。

而母牛又快生小牛了。

回来时丢了一个小手指

同村的王彩华也在2006年5月得到了帮扶款，买了两头牛。我2007年回访时，她和丈夫都不在家，只有爷爷奶奶和两个小孙子在。房子是新盖的，比起两年前我到她家时，已经好了很多。

王彩华的丈夫当年外出打工，回来时丢了一个小手指，是被打工的搅拌机割掉的，老板给了1200块钱的医疗费，便把他辞了。他看病花了2000多块钱，连挣的几百块钱也都搭了进去。

可家里要吃饭，没钱没粮，就只有借。

“村里人也不富裕，我只好回西吉娘家借了点粮。”王彩华说，“可粮不够，当家的伤还得调养，好了还要出去打工，也得要路费，我就把1800块钱赊的牛卖了，卖了2000块钱。”

我告诉她，“幸福工程”可以帮扶她一部分资金，她拉着我，哭着不让走，当时就想要钱。

我告诉她钱不会直接给她，但会帮她买成牛。“幸福工程”的帮扶主要是提供生产资料。如果给她钱，她难免用于还账，还是难以脱贫。

她听明白了，终于放我走了。

如今，这两头牛真发挥了作用，使她家摆脱了贫困。

⊙084 王彩华，23岁，海原县树台乡大嘴子村铁前沟自然村人。全家4口人，15亩旱山地，2005年收成洋芋1000公斤，5亩小麦绝收，全家口粮靠娘家接济。

⊙085 田小梅，24岁，海原县海城镇段塬行政村刘塬自然村人。全家4口人，2005年因旱灾种植的5亩小麦绝收、2亩洋芋没见苗，口粮靠娘家和借粮生活。丈夫外出打工一年挣回600元。

084

085

086

087

⊙086 赵军芬，25岁，树台乡大嘴行政村大嘴下自然村人。全家4口人，2个女儿，家有20亩旱山地，年收成的粮食不够口粮，丈夫在外打工收入2000元用于买口粮。

⊙087 2006年，赵军芬得到社会爱心人士“一对一”网上捐助幸福工程帮扶款2000元、区计生协配套2000元，购买10只母羊，已存栏25只。

王彩华的婆婆告诉我，那两头牛没养太久就卖掉了，又买了几只羊，其间的差价王彩华的丈夫拿去学开车，现在，跟别人合伙跑运输，一个月有两三千块钱的进项。我回访时，王彩华到新疆帮人摘辣子去了，据说一天能赚60块钱，她希望回来后，继续搞养殖业。

我压抑了许久的心情此刻得到了释放。我知道，脱贫很难，但毕竟还是可能的。在西海固这片不适合人类生活的土地上，温饱的生活是能够实现的。

在贵州

2001年4月/2001年11月/2005年5月/2006年4月/2007年7月/2009年7月

088

⊙088 三都县拉揽乡高寨村。

车钥匙被偷

2001年4月10日，我第一次到贵州。

和西北高原相比，地处云贵高原的贵州，让人耳目一新。以一个摄影师的眼光，那里的景色简直就是天堂。然而当我深入到景色深处的贫困人家时，心情立刻沉重起来。

贵州，群山万壑，土壤稀少且贫瘠，是典型的喀斯特岩溶地貌。我的第一站是黔南州的三都县[注]。

到达三都的当天夜里，陪我下来的徐秘书长和徐春合师傅住的房间被盗，小偷是从卫生间的窗户进来的，徐师傅发现时大喝了一声，翻身下床，小偷一溜烟就跑了，顺手带走了徐师傅的一件衣服，里面有汽车钥匙。

报警后，警察来看了看。

衣服被偷，徐师傅倒不急，没了汽车钥匙无法下乡，急得他在房间里团团转。

徐师傅早饭没吃，穿上秘书长新买的衣服在县城里转了一圈，找到一位配钥匙的，鼓捣了一上午，也没能把车门打开。

这天我们哪也没去成。

徐师傅参过军，身材不高，话也不多，开起车来熟练而稳重，从不开飞车。他的妻子来自紫云县大山沟里，在贵阳没有工作，两人有个孩子，一家人靠他每月1000元左右的工资生活。谈起他的妻子和孩子，他的话多了些，他说，现在的生活虽然难点儿，但比起

注：三都是全国唯一的水族自治县，位于黔南州的东南部，全县总面积2380平方公里。人口30.5万人，平均每平方公里128人，人均占有耕地0.6亩，境内的居民有水族、布依族、苗族等，是一个以少数民族为主体的县份。少数民族人口28.54万人，占全县总人口的93.6%，其中，水族人口占全国水族总人口的52.1%。三都是国家级贫困县。

那些长眠在战场上的战友，他能够活着回来，有个温暖的家，已经是万幸，他很知足。

傍晚吃饭时分，配钥匙的师傅用了将近一天的功夫，总算把车钥匙配好了，临走时找徐师傅要了6块钱手工费。

吊脚楼

水族是我国南方由古代“百越”族群中“络越”的一支发展而成的单一民族。自唐代以来就世居在三都这个地方，是本地土著民族之一。在历史上，水族曾被统称为“百越”、“僚”、“苗”、“蛮”等，直到清代中叶之后才有所区别，改称为“水家苗”、“水家”。1949年后，国务院经过征求有关水族人士的意见，于1956年确定族称为“水族”，主要分布在樟江上游一带。村寨多依山傍水，周围竹树环绕，房屋纵横交错，道路迂回曲折，鱼塘触目皆是，多聚族而居，一个村寨十几户，几十户，多的百余户，血缘村寨相连，数姓杂居极少。

按照拉揽乡的安排，我们沿着弯曲的山路前往高寨村，那里有187户人家，920口人，人均田土面积不到半亩，坐落在层峦叠嶂的山坳里。

我这个生长在北方的人，过去只是听说过“吊脚楼”，此行才亲眼目睹。从山道上向远处望去，一排排乌色的木质小楼，依山而建，几根竹子或木质的“脚”支在下面，因坡度陡峭，地势不平，有的支脚极长，有的又很短。吊脚楼密密匝匝，挤挤挨挨，簇拥成一个寨子，景致很是独特。

绝大多数的吊脚楼都是人畜共居。当地老人讲，在古代蚩尤、黄帝时期，苗人被异族追杀，择水路逃命，为了能在木筏子上乘坐更多的人，搭起了两层。后来在陆地上定居建屋，便仿照木筏子的双层式样，一直延续下来。吊脚楼至今仍是苗族人最多采用的建筑样式，上面住人，下面做饭、堆放杂物、饲养牲畜。

25岁的徐秀英一家就住在这样的吊脚楼中，全家三口人，只有0.8亩的水田，没有牲畜。像徐秀英这样耕地少得可怜的农户，在当地非常普遍，虽是两季种植，所打的粮食依然很少，不足温饱。

在排烧村我见到了那里的村民小组长蒙仁亮，他多少算个小干部，每年额外的收入是乡政府付给他的50公斤大米，这让他的妻子很满足，在当地，这是一份令人羡慕的报偿。

⊙089 徐秀英，拉揽乡高寨村人。全家3口人，0.8亩田年收成240公斤稻谷，人均收入150元，无牲畜。

⊙090 潘酒，25岁，三都县水龙乡水龙村人。全家4口人，0.74亩田地年收稻谷400公斤、杂粮150公斤。无牲畜。卖蔬菜一年有70多元收入。

⊙091 周小卯，24岁，紫云县板当镇沙子哨村人。全家3口人，0.2亩水田收成稻谷100公斤，1.5亩山地收苞谷150公斤，无牲畜。经济来源靠卖油菜籽，年收入200元。

没把日子过好，真不好意思

4月11日，我们来到水龙乡，24岁的陆银菊正在田间插秧，背上背着两个多月的女婴。

在当地，水族和苗族的男人只管犁地，插秧是女人的活儿。每到这个季节，在家的男人把饭送到田间，男人外出打工的，女人便把吃的带到田头，一干就是十几天。插秧时节，常常是几家帮一家，一来能抢时间，二来女人们借这个机会可以凑在一起聊聊家常。

给孩子吃奶时，陆银菊得以喘息片刻。她家3口人，有0.7亩水田和0.02亩的山坡地，去年收了300公斤的水稻和30公斤的杂粮。一年中，陆银菊趁着赶集卖些蔬菜，只赚到了50多块钱。

她认为我是国家派来给她照相的，赤着脚站在水田里说："不好意思，我们太穷了，屋子漏雨，粮食不够吃，没把日子过好，国家还给我们照相，真不好意思。"

周小卯，家在离板当镇最近的沙子哨村，在她家的土坯房前，我给她照了一张相。

她只有24岁，羸弱的身子，满是补丁的衣裤，面容显出不相称的苍老。

我拍了照要离开，她让我等等。

"我想请你看一样东西。"

她跑进屋里，很快又跑出来，手上多了一个镜框，她撩起衣角，仔细地把镜框擦了擦，双手捧给我。

镜框里的她面容娇好，穿着苗族少女鲜艳的新衣，带着淳朴的笑容。

"我没嫁过来时照的。"周小卯说。

照片中的她和眼前的她，判若两人。

"拍这张照片时，我兴奋得几夜都睡不好觉。"

"现在呢？现在你看到这照片，还有当初的感觉吗？"

089

090

091

她摇了摇头，眼睛朝空荡荡的院子瞅着，像在找什么。

院子里散落着几根稻草，圈里有一头小猪。

“北京来的同志，”她这样称呼我，“能把您拍的照片寄给我一张吗？”

我点点头，出了门我就后悔了，我不该答应她，也许更不该来拍她的照片。曾经的照片还有一段美好的追忆，现在的这张呢？

山顶洞人

我到紫云县水塘镇时，当地人问我：“你见过一个村民小组都

092

⊙092 中洞洞口。

住在大山洞里吗？”我说没见过。人类进化到今天，还有人成群地穴居山洞，我确实无法想象。

我跟着当地人钻进丛生的树林里，寸步不离地朝山上爬，脚下是山里人踏出来的窄路，四周是荆棘，最宽处也就够一个人独身进退。半山腰的坡地里到处都是石头，典型的喀斯特地貌，凡是能种上粮食的土窝都被利用上了，东一片，西一片，断断续续的。

上山的路有两条，一陡一缓，一近一远，我们走的是近路，连滚带爬走了两个多小时。一个硕大的洞口呈现在我的面前。山上有三个洞，上下两洞是露天的，只有中洞可以住人。

有孩子在洞口玩耍，见有生人来，好奇地望着我们。

洞内阴湿，约有一个足球场大小，住着16户人家，人均耕地面积0.53亩，还有一个几十个学生的小学校。

据说，这个山洞里的人家是在100多年间陆续迁徙至此的，居留

最久的已有4代人。

山洞里，每户人家用一块块木板和苞谷杆围起独立的空间，无需屋顶。山泉滴滴哒哒顺着岩壁往下流，是洞中人家日常饮用、洗涮的水源。遇到干旱时，洞中的水枯竭了，便要下山到10多里外的河沟里挑水，单程就要一个半小时。

村书记王风刚介绍，洞里大部分家庭的男人都到外地打工去了，留守的女人不仅要侍弄土地，还要拉扯孩子。

由于土地瘠薄，只能种苞谷、红薯等杂粮，收获的时候，女人们一天两趟或三趟把劳动的果实背上山来。一年之中，她们全靠苞谷充饥，红薯是留给孩子们吃的。

小一些的牲畜可以买回洞里养着，等牲畜长大了要想卖出去，比如一口猪，就必须把它宰杀后，分成块弄下山，否则运不出去。

在一户新娘的家里，我见到了这个山洞里惟一的一片像屋顶的东西，那是遮在床上面的一块旧毡布。在这个新婚家庭中，最引人注目的值钱物件，是一架老式的缝纫机。

我进到一位叫梁忠英的女人家，她家4口人，每年都要差3个月的口粮。农闲的时候，梁忠英整天守在山上挖草药，一年下来能挣三四十元钱。她说有半年没吃上一滴油了，最困难的时候，只能吃掺点盐巴的苞谷面。她嫁到这里的几年中，只有两次过年时吃过猪肉。

昏暗的山洞深处，38岁的王风学独守空穴。两年前，他的妻子忍受不了山洞生活的寂寞与贫穷，带着孩子逃了出去，至今杳无音信。

这天晚上，我在洞中小组长梁忠光家吃的饭。村书记把在山下买来的一只鸡剁成块儿，加上一点盐巴和一大把辣椒放在锅里用清水煮熟，主食是和着碾碎的玉米蒸的苞谷饭。他们个个吃得很香。我用锅里的汤拌苞谷饭，就着带来的榨菜。随身带来的几盒方便面留给了这里的孩子们。

村书记安排我在洞口的一间教室里过夜。他把苞谷杆铺在地上，上面再铺个床单，就是床了。洞里没有电，村民们睡得很早。洗漱全免，吹灭蜡烛，没多长时间我就睡着了。不知过了多久，我觉得身上有动静，打开手电一照，几只20多厘米长的老鼠正从我身上窜来窜去。

早上，我特意在洞中学校看孩子上课，孩子们坐在用木头搭的桌子中间读书。

校长是位23岁的年轻人，毕业于安顺市镇宁民族师范学校，叫梁正祥，这年3月主动要求来到中洞小学。他的家住在山外的镇上，

093

094

095

096

097

098

⊙093 洞内没有通电，王小盆借着早上的光线，梳理打扮。

⊙094 山下所有的东西都要靠人力背上山洞。

⊙095 作者在山洞中住的地方。

⊙096 罗登兰的“新房”，缝纫机和2床被是她的陪嫁。

⊙097 吃饭。

⊙098 山洞小学的”全家福”。
山洞，是他们的家，也是他们求知的殿堂。他们从课本上了解山外的生活，了解城市。他们从来没有进入过城市，不知道他们如何理解城市……

⊙099 朗朗读书声，就是从这样的教室里传出的。老师勤勉，学生努力，不需要太多的激励，也没什么物质奖励。

⊙100 山洞里简单的游戏，同样令孩子们开心。孩子们的笑声回荡于山洞间，显得格外清脆悦耳。

⊙101 两个山洞小学的学生，她们知道城市里的同龄孩子是怎样生活的吗？

099

100

101

每星期回家一趟，要走4个多小时的山路。

中洞小学是10年前建的，师资不足，前几年只能开设一、二年级的课程，2000年前开设了三、四年级课程。当时几位老师的部分工资和孩子们的校服都是由一位外地老板赞助的。中洞小学的学生来自本村，也有一部分来自其他村，最远的学生上学要走一个半小时的山路，在校生66名。

2005年5月下旬，天津电视台国际部摄制组跟随我采访拍摄纪录片，再次回到中洞，这里有了不小的变化。洞口有了两个接受电视信号的大锅，洞里的人家也少了很多。政府给他们在山下盖了房子，有些人就搬出去了。学校的规模扩大了，添设了初中。因为是左近惟一的一所学校，还用石头垒盖了学生宿舍。洞里通了电，有一台帮扶的电视机，洞口的大锅就是给它接收信号用的。

我们到洞里王小盆的家时，她正在做饭，清水煮挂面，快熟的时候，加一大把辣椒，一小抹猪油和一点盐。

那天是六一儿童节，王小盆做了最好的饭食，给两个孩子过节。

孩子吃得很香，王小盆自己吃的还是苞谷饭加酸菜汤。

下午，学校有活动，孩子们唱了一首歌：

只要妈妈露笑脸，露呀露笑脸，
云中太阳放光芒，放呀放光芒
只要妈妈露笑脸，露呀露笑脸，
美丽花儿齐开放，齐呀齐开放。

那天晚上，我仍留住在洞里，是紧靠洞口的一户人家新建的房子。有电，但灯光昏暗。

睡到半夜，听到外面打了起来。

原来，我2001年采访这里后，有些人来参观、捐助，如果住在洞中人家，这家人就能得到政府的补贴。这次我来，两户洞中人家争着想招待，但为了出入方便，我们选择了洞口人家。没有争到的两户便为此事争执起来。

没有服装不能参加儿童节

板当镇青山村的龙兰妹有两个正在上小学的女儿，虽然已经免

⊙102 捐给学校的电视机。
⊙103 王小盆为孩子做的最好饭食，她自己吃的是苞谷饭。
⊙104 向国旗敬礼。
⊙105 洞口的电视接收器。
⊙106 励志的标语。
⊙107 六一儿童节活动。
⊙108 孩子们开始上课。
⊙109 母亲们的希望。

102 103 104

105 106 107

108 109

110

111

112

113

114

了她们的学杂费，但每个学期一人40元的书本费还要自己承担。

她家有5分坡地，年收成200公斤苞谷，差半年的口粮，收成不好的时候，则要差七八个月的。政府发放的救济粮，够吃4个月，每年总有几个月的口粮没有着落。

丈夫腿脚有些毛病，劳动不太方便，龙兰妹便是家里的主要劳力。她农闲时拾荒，农忙时给人帮工。

2003年一场大雨，她家屋墙垮了一面，当地政府给了200元钱买油毡，可梁木已经朽了，非大修不可。又向镇里申请，镇上答应给2000元钱，我们去时，钱还没有下来。

那天是6月2日，我们到时，她的两个女儿正在哭。

见我问，龙兰妹也哭起来了，“昨天是儿童节。”

原来，六一儿童节时，学校有活动，必须穿统一的服装才能参加。龙兰妹买不起，两姐妹只能站在校门外，用手扒着校门往里看，除了同学们的笑声，姐俩什么也看不到。

“有演节目的，唱歌的，我们可想去了。”姐俩边说边哭。

⊙110 龙兰妹和2个女儿。龙兰妹最大的愿望是养一头耕牛。

⊙111 龙兰妹的家。

⊙112 龙兰妹家吃的东西。

⊙113 母女三人用的东西。

⊙114 龙兰妹家的床。

上学靠土豆和煤

纳雍县猪场乡[注]倮保鸠村的祝学英也有两个上学的孩子。我2006年到那里时，她的大儿子杨昆福已经上高一了，妹妹杨丹在猪场乡新寨小学上5年级。

十年前，祝学英的丈夫因病去世，家里全部的财产是一头牛和2.4亩沙地。一年收1000公斤土豆，200公斤苞谷，不够口粮。那时，上学要交学杂费，2005年才不收了，那一年，正是杨昆福中考。

山区学校少，间隔远，考点往往离本校很远，离住家就更远。

杨昆福中考，要走31公里的路，到龙场镇去考。那天，他带着家里全部的现金2元钱，走了7个小时的山路才到镇上，和同村的同学混在一起，蹭饭吃，蹭床睡，因为那2元钱无论是住宿还是吃饭，全不够。

虽然同学间关系很好，也都愿帮助他，可毕竟都不富裕。中考3天，杨昆福有一顿没一顿，困了有地方就歇，没地方就忍。考试结束，7个小时的山路走回家，杨昆福已经不会走路了。他以全乡第9名的成绩考入了当地重点中学纳雍县三中重点班，成绩在班里排名第13位。

纳雍县距离杨昆福家有65公里，坐班车要花20块钱。杨昆福平时只能住在县里，老师帮助他联系了一间很便宜的房子，一个学期600元的租金，加上一个学期600元的学费，一年要2400元。高中已经不属于义务教育，学费一般不减免，加上吃穿用度，最少也要4000元才能维持。

祝学英把丈夫留给她的牛卖了，得了1200元。又跟别人借了600元，敷衍过第一学期。第二学期，还得用钱。能借的人家都借了，还是没有借到。祝学英只好找到了教过杨昆福的小学老师。两位老师答应每月给杨昆福凑100元，算借的，等他上完大学再还，不要利息。祝学英千恩万谢，因为老师的月薪也不过五六百元。

可钱还是不够。

寒假的时候，杨昆福到中岭镇背了一个星期的煤，赚了230元，跟村干部借了600元，凑齐了第二学期的学费。

还有两个学期的学费在等着他们，祝学英不想让孩子上高中了。可杨昆福成绩很好，周围的人都来劝她。

“后来我想通了。”祝学英见到我们时说，“就算借钱也让娃娃读出来。”

我和省计生协的刘秀明大姐找到了杨昆福在县里租住的房子，

注：猪场乡地处贵州乌蒙山区腹地，距县城52公里，最高海拔为2350米。全乡辖国土面积93.18平方公里，有耕地13509亩（其中25度以上的坡耕地8450亩，占总耕地的62.5%）。辖区内植被稀疏，有林带23548亩、灌木林32650亩、荒山草坡68795亩。13个行政村，96个村民组，4630户，15934人。截止2005年底，全乡低收入贫困人口有2915户，10195人，其中尚未解决温饱的有1178户，4120人。

房子小得只能放下一张床，一个炉子和一张写字台。剩余的地方，堆着一只麻袋，里面装着土豆，有的已经长了芽，是杨昆福的口粮。

杨昆福长得很精神，个子比母亲高出很多。

“我初中的时候也是吃土豆，每周回家背一趟，够吃一个星期。”

杨昆福在乡里上的初中，那时住校，每周除了背粮，还要背煤，用来做饭、御寒。

一箩筐煤60斤，儿子有时不回来，祝学英就要给儿子送去。

她独自背煤的时候走小路，近便些，要两个多小时，但小路山陡，比大路难走得多。

2003年的一个周末，儿子托同学捎信回来，说那周不回家了。祝学英给儿子去送煤，走到半路下起雨来，快到乡里时，摔了一跤，煤块顺着陡峭的山路，一跳一跳地滚下山去。她的腿也摔伤了。

015

016

017

⊙115 塌方。

⊙116 祝学英家住的茅草房。

⊙117 祝学英在背煤的路上。

祝学英把剩下的煤分成两堆，想着少背一点，先给儿子送去，以免孩子受冻、挨饿。

她忍着腿伤，手脚并用，走完了到乡里的路程。

别的同学都去吃饭了，杨昆福没有煤做饭，只能揣着手看书。当看到瘦小的母亲，背着煤，带伤出现在门口时，母子俩抱在一起，哭成一团。

那天晚上，祝学英一瘸一拐挨回村里，已经是后半夜了，后来在家躺了一周。

杨昆福一提起这件事，就会掉眼泪。

高一开家长会，祝学英为了省20元的车钱，步行65公里到县上，又步行65公里回去，一往一还，相当于天津到北京的距离。一个单程，她要走一天。

那是她第一次在县中看见自己的孩子，母子俩又哭了。孩子的衣服简直不像样子，看看其他同学，祝学英心里难过。

⊙118 牛有了，但安琴家还是没能力翻盖新房。

⊙119 安琴和女儿。

家长会后，老师找到她，告诉她孩子学习不错，希望能坚持读下去。

018

那以后她说，饿一点就饿一点吧，总是孩子读书要紧。

小女儿杨丹读初中后，每天5点多钟起床，走几个小时山路到乡里上学，中午不吃饭，等晚上回家再吃些洋芋和苞谷。

2006年的冬天，祝学英得到了社会爱心人士网上“一对 ”幸福工程的2000元帮扶款，生活稍稍好了一些。

母亲病了，她只能辍学

2005年年底，15岁的杨义诊辍学，她正上初二，成绩在全年级排名第五。那年，母亲安琴的腰疼得越来越厉害，简直难以忍受，到乡卫生院检查，医生摇摇头，不知是什么病，建议她到县里的医院，县医院的医生也摇头，建议到更大的医院。

安琴听后摇了摇头，她已经没有钱看病了。

019

虽没有确诊，但怀疑是腰椎结核，安琴拿

了些治腰椎结核的药，回家了。不久，她便卧床不起，别说下地干活，连自理都成了问题。杨义诊只好辍学。

安琴家有2亩沙地，2005年收成300公斤苞谷、1000公斤土豆，全年缺4个月口粮。女儿辍学后，除了照管母亲和农田，还要给别人放羊。按当地的习惯，放羊有时不给工钱，等母羊下了小羊后，分一半给放羊人，作为报酬。杨义诊就一直盼望着小羊快快生出来。

“有了羊就能给妈妈治病了，”她说。

那一年，为给安琴看病，她家欠了5000元的外债。

杨义诊一个人在地里干活，见到别人有家人送饭，心里难受。妈妈病了，爸爸去找钱，她只能吃从家里带来的土豆。看到别人去上学，她只有偷偷地哭。

安琴的愿望是想养一头母牛，让女儿继续上学。

挖煤是最好找最来钱的工作

王光秀的前夫是2003年死的，他当时在一家小煤窑挖煤，瓦斯爆炸了。王光秀去找煤窑的老板，但老板跑了，王光秀没有得到任何赔偿。

为给丈夫办后事，她借了6000元钱，巨额债务和抚养两个年幼的儿子，把王光秀压得喘不过气来。

她到龙场镇帮工，一天能挣6块钱，干了15天，攒了80块钱，买了一袋化肥，走四五个小时的山路，背回家。年成有了一些指望，

120

但还是缺粮，她借了50斤的苞谷，磨成苞谷面，做成糊糊给孩子们吃，自己吃洋芋。

“家里没有男人，无法犁地，收成就少，我又要养活娃，又要供娃读书。”

2005年，经人介绍，王光秀带着两个孩子嫁到了猪场乡水箐村，因旧宅破烂，不能遮风避雨，一家人只好住在借来的一间小房里。

村里的地早就分完了，王光秀一家四口，只有丈夫当初分得的0.7亩沙地，靠种土豆和苞谷为生。

在沙地上种苞谷，很不容易，当地采用一种叫“营养垛”的方法，就是把稻草腐烂，再撒上一些化肥，像包菜团子一样把苞谷种子包在里面，再种到地里，这样收成会稍好一些。

虽然费了一番功夫，0.7亩的沙地也只收成了150公斤苞谷、1000公斤土豆，一家四口根本不够吃。2006年，刚到3月她家就断粮了，借了100公斤的苞谷。

年初时，王光秀赊了两头小猪，希望养大卖了，换一头牛，农忙的时候不用换工向别家借了。

农闲的时候，夫妻俩去煤矿挖煤，虽说王光秀的前夫死在矿上，但挖煤仍是当地最好找、最来钱的工作。为了一家的活路和两个上学的娃娃，他们只能干这个。

王光秀的愿望是几年后能盖一间属于自己的房子，那最少也要5000块钱，而他们当时还背着6450元的外债没还呢。

⊙120 王光秀和丈夫在做营养垛。
⊙121 杨会和女儿。
⊙122 杨会说，哪个好心人如能帮我买上一头母牛来喂，下个崽儿，一年一个，今年下的明年卖，明年下的后年卖，我家的债就可以还了，孩子就能吃饱饭了。
⊙123 杨会家的吃食。
⊙124 王光秀最大的愿望是盖一间自己的房子，不再借房住。

122

123

124

办不起身份证

在猪场乡猪场村，八成的村民靠卖血挣钱，乡里乡亲，结伴而行，仿佛赶集一般。

杨会没卖过血，不是不想去，而是卖不了，因为她花不起钱办身份证，而卖血需要身份证明。

纳雍县办身份证跟其它地方一样，需要二十块钱，这是杨会一家一个月的生活费。

她家有0.7亩坡旮旯地，年收成苞谷150公斤、土豆600公斤，到4月就没得吃了，要靠借粮生活。

2004年，婆婆过世欠下2000元债，公公为了还债到煤矿挖煤挣到200元，但死在回家的路上。债没有还上，又举办了一次葬礼，欠下更多的钱。杨会的丈夫接着去挖煤。

2006年，我见到杨会时，她家还欠着5000元。

杨会平时做零工，一个月22天，只有两天每天有20元工钱，其余的20天只管饭不付钱。

“我家只是在过年时才称上1斤油，平常买不起肉，盐巴都是赊的。”

她讲起头年5月的一件事，边说边哭。

“我到山上挖了7天药材，卖了10块钱，赶场买小鸡时被人抢了，也不敢喊，只好背着娃回家了，回到家越想越伤心，坐起就哭啊。前几天娃他爸打工走的时候答应我，找来钱买上一只母鸡一只公鸡，下蛋抱小鸡，长大了一只能卖20多块，就能买肥料给苞谷追肥了。我家的债也可以还了。”

孩子死了，丈夫走了

猪场乡水箐村的祝贤美，最多的时候，一个月要去卖两次血。

卖血要到县里的血站去，她舍不得十几块钱的车钱，总是一大早起身，带上一个熟土豆或者苞谷团子，走到县城去。

到县城时总是晚上了，一般是吃一碗面，要3块钱。

她住的店是最便宜的，是白天卖盒饭的小商铺，把摆摊用的木板一搭就算是床，一夜需要3块钱。

转过天，吃些早点，就去卖血，卖完了，再走回村里，能得50块钱。

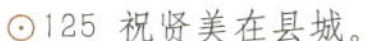

⊙125 祝贤美在县城。

⊙126 祝贤美做小工。

⊙127 祝贤美最大的愿望是养一头母牛，犁地时不再求助别人。

⊙128 去县城卖血的路上。

⊙129 在县城住的地方。

125

127

126

128

129

但她不总能走回去，有时抽完血，实在头晕，就只好坐车回，要用掉30块，就只能带回30块了。她连续3年卖血，最少的一年，卖了4回。

卖血是祝贤美的副业，不能误了忙时的农活和闲时的打工。

1998年，她有了第二个孩子，一个男娃，丈夫响应计生政策，做了结扎。但两个月后，孩子突然腹泻，一天一夜便死了。全家痛哭流涕，借了1300元，安葬了孩子。丈夫为了还账，到广东打工去了，从此再无音讯。

十来年，她一个人带着大儿子，供孩子读书。家里的0.7亩沙地，一年能收成175公斤苞谷、900公斤土豆，差半年的口粮。农闲时她会去背煤，5天挣100元，每次回来都累得不行。再不够，就去卖血。

她的家是全村最小最破的一间茅草房，墙壁上有一条大缝，能看见外面的风景。屋里只有一个土炉子，一张单人床，一个石磨，一个水桶和一盏煤油灯。2004年，村里通了电，可她家使不起电灯。

2002年时，她替人代养了一头母牛，报酬是犁地时可以用这头牛，下的小牛有一半归她，在当地叫做“换工”。

母牛养了两年，没有下犊。2004年，眼看母牛要生产了，偏偏又死了，她背上2200元新债。

那年她把孩子托付给奶奶，第一次外出打工。在广西一家蜡烛厂干活，一个月400块钱，不包吃，不包住。干了一年，给孩子买了两件新衣服、两双新鞋，就再剩不下什么了。

2005年，她横下心，借了钱，到广东去找丈夫。

她在广东有一个远房的表弟，以为会在那里见到丈夫，却扑了空。

“广东这么大，你又没他地址，到哪里去找？还是先回去吧，姐夫找着了钱，自然也就回去了。”表弟安慰着祝贤美，给她买了车票，又给了她一些钱，叫她还债，把她送到了车站。

祝贤美心里清楚，丈夫不是在外面找钱还债，而是再也不想回家了。

回访水箐村

2009年，我已在天津师范大学任教，暑假实践活动，我带了5名学生，再次到贵州进行回访。

⊙130 2006年，社会爱心人士通过幸福工程帮扶祝贤美2000元和一头母牛，母牛当年下了一头小牛，2007年8月母牛又要产小牛了。

⊙131 2006年，社会爱心人士经过幸福工程结对救助给杨会一头母牛，到2009年已有2头小牛。杨会终于住上了砖瓦房。

⊙132 2006年，社会爱心人士经过幸福工程帮扶给王光秀一头母牛和一头小牛，经过两年的努力和政府的帮助，王光秀终于有了属于自己的新砖瓦房。

⊙133 祝贤美和儿子从茅草房搬进了新居。

⊙134 2006年，社会爱心人士经过幸福工程帮扶给安琴的一头母牛，到2009年已产下2头小牛，大女儿为给母亲治病买药到外地打工，小儿子患有唇腭裂，读到三年级也辍学在家帮妈妈干活儿，丈夫依然在煤矿挖煤挣钱补贴家用。乡政府对危旧茅草房改造，安琴家已住上砖瓦房。

130

131

132

133

134

2006年我采访过的几位贫困母亲，都得到了“幸福工程”的帮助，生活已有了一些改善。

祝贤美家盖了新房，也通了电。2007年的时候，还买了一架旧缝纫机，给人做些加工活。“幸福工程”帮扶她家的牛，当年就下了小牛，现在已经有3头了。只是她有时还会卖血，但卖血的价钱高了，一年能得2000块钱。我们到的时候，她出外打工去了。

杨会家也有了新房，是2008年盖的，用了两万元。一是靠帮扶的母牛下的小牛卖的钱，再是向别人借了些，至今还有1万多元的欠账。她挖草药，打零工，一天能有20元的进项，家里继续喂着牛，还养了猪。

王光秀有了一间石头的房子。她也没在家，出去打工了。

安琴经过这几年的治疗，病已经好了很多。确诊是腰椎结核。2006年帮扶的一头母牛，到2009年时已经变成了4头，家里也起了新房，女儿也回校上学了。

杨昆福的高考成绩刚下来，正在考虑上不上大学。以他的成绩，录取不成问题，但学费高昂，全家人正犹豫。

“我想大学毕业到乡里教书，这样就能有稳定的收入，能供养母亲了。”这是杨昆福的想法。

褚仁敏的豆腐坊

普定县位于贵州省中部偏西，地处长江水系和珠江水系的分水岭，是国家级贫困县，也是中国喀斯特岩溶地貌十分突出的石漠化地区，山岩裸露，水土流失严重。

喀斯特地貌景致奇特，鬼斧神工，让人流连。

这个既美丽又贫困的地方，居住着36.7万人，其中24.5万贫困人口。人多地少，贫困人口中，人均收入在150元以下的极度贫困人口有5万人。

车在普定县城关镇天王旗村边的小石桥旁停了下来，我们沿着泥泞的小路走进村子，路边有一处尚未完工的二层砖房，是我要采访的褚仁敏家。

⊙135 2007年褚仁敏家的两层新房完工了。

⊙136 得到帮扶的猪场乡母亲们。

⊙137 贵州省计生协刘秀明处长和作者的学生们。

⊙138 褚仁敏和女儿在市场干起了汤圆小生意。

135

136

137

138

139

140

141

142

当地有加工豆腐的传统，“幸福工程”救助款通过村委会，以每户1000元至2000元的数额发放到户，并选派有豆腐加工技术的人，一帮一，从买磨豆机、选黄豆、磨浆、点卤、直到最后卖出，一帮到底。

39岁的褚仁敏，1986年嫁到婆家，一直用老式石磨推浆做豆腐，由于工艺落后，工作效率很低，一天只能做10多斤黄豆，仅够维持生活。

1995年，村计生协选出褚仁敏等首批帮扶对象，争取到县“幸福工程”的支持。褚仁敏用帮扶款1000元买了豆腐加工机，从此改变了原始加工豆腐的老法子。她利用闲暇时间向人求教，摸索豆腐深加工的技术，把豆腐做成豆腐果、豆腐片、油炸豆腐等系列产品，2000年纯收入7000元。

经过几年的辛勤劳动，褚仁敏夫妇不但还清了帮扶款，还有了积蓄，加工豆腐实现了电力化，那年建的两层新房，2007年已经完工了。

⊙139 卢燕雍，39岁，荔波县立化镇立化村人。2007年幸福工程帮扶2000元发展养蚕，种植4亩桑树，当年养蚕收入4000元。2008年扩大规模养蚕收益达到1.2万元。

⊙140 赵本芬，36岁，花溪区湖朝乡磊庄村人。2007年幸福工程帮扶2000元扩大原有的养鸡规模，原养鸡1000只，帮扶后增加到2000只，收入翻番达到1.6万元。

⊙141 罗达碧，41岁，遵义县乌江镇养龙村人。2003年幸福工程帮扶4000元发展养殖业，第二年收入1.9万元，2007年收益2.6万元。现存栏8头母猪、1500只肉鸡、50只羊。2006年罗达碧获幸福工程幸福母亲奖。

⊙142 崔友贤，42岁，金沙县平坝乡新庄村人。2007年幸福工程帮扶3000元、贷款1万元开办砖厂，2008年5月开工，平均每月收入2000到3000元。

在重庆

2001年6月/2006年4月

2001年5月31日清晨6点20分，从北京始发的列车抵达重庆。市计生协领导在站口接我，几乎没有停留，便驱车赶往大巴山的城口县，这是个国家级贫困县。

开车的师傅说，此行需要13个小时，而且是在山路上行驶。

车开着开着下起雨来，雨点打在车窗的玻璃上，噼啪作响。山路是用碎石铺成的，十分颠簸，加上路滑，许多时候汽车是蹭着悬崖的边缘拐弯，令人揪心。亏得司机师傅经验丰富，一路化险为夷，直到深夜，我们才到达目的地。

女人修出来的路

川北风景，峻逸险奇，天下无双。

巫溪人给我讲了这样一个故事，一位妇女在山上被毒蛇咬伤了腿，要把她从山上抬到有汽车的公路，需要半天的时间。为了拯救她的生命，在没有任何麻醉的情况下，人们用锯木头的大锯将她的腿生生锯下。后来县里知道了这件事，特拨专款修了一条通往山外的公路。

路，就是生命线。

川北的高山上，到了旱季同样缺水。城口县有个村子，冬季只能依赖山顶上唯一的储水井。全村人不分昼夜上山取水，深夜看不见路，便沿着崎岖的山径燃起秫秸，远望像一条火龙伸向山顶，一夜过后，秫秸的灰烬能达半人多高。

一个缺少水源的小村庄，旱季人畜饮水，全凭肩挑，山高路远，一天只能担两担水上山。一个年轻的媳妇担水快到山顶的时候，摔了个跟头，水全洒了，绝望的她转身便从山崖上跳了下去。

星溪村有一条靠女人修起的村级公路，远近闻名。

在没有这条路的时候，这个村通向外界全靠一条小河谷，雨季山洪泛滥，河谷被淹，小山村便与外界隔绝。因为太穷，青壮年都外出打工去了，村里只剩下老人、孩子和女人们。

星溪村留守的女人不甘心，喊出了“宁愿苦战不愿苦受”的口号，组成了一支女子修路队。从年逾古稀的婆婆到稚气未脱的女娃一起上阵，打眼放炮，炸石开路。其间，路被山洪冲毁过一次，有人受了伤，还死了两个人，但她们硬是把路修了出去。2001年，我们去的时候，路已经修通了13公里，完成了工程总量的50%。

缺少资金，全村人均要出200个义务工，每户集资100元。没有钱的村民，每次下山修路的时候，就背上草药去卖，一分一厘

143

144

⊙143 女人的步履异常地稳健，因为她们担起的是父老乡亲的希望。她们比不得城市里的女人，没有奢华的攀比，比得是谁的汗水流得更多。

⊙144 孩子吸吮着母亲的乳汁成长，母亲传递给他大山的质朴和坚毅。母亲为了让孩子拥有一条平坦的大路，才如此不计辛劳。

⊙145 一队女人，一队肩负着石头的女人……她们修筑的不仅仅是一条路，而是山里人通往梦想的天梯。

⊙146 这些筑路的女人们，她们的身后是修好的路，她们的前方还有许多坎坷险阻，但是她们并不畏惧，因为比这更难走的路她们都走过。她们无愧于前人，更无愧于后人，因为自她们手中，山里从此有了一条路。

⊙147 就是这样粗糙的手，不惧石头的磨砺，为山村描绘出一幅最美丽的图画。

⊙148 乱石间拢一堆篝火，塞上几只土豆，烧熟了便充作一顿饭。风餐露宿，已经是这些筑路女人的家常便饭。

145

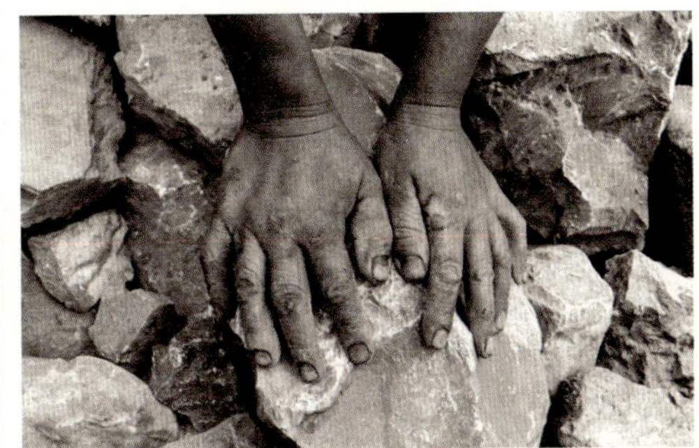

147

146

148

地凑钱。

一位承包了放炮任务的妇女，为了节省引芯，总是把引线留到最短，点燃就跑。当地政府财政紧张，想办法援助了一些炸药。

乡长说，星溪村的女人修路时，都穿着家中最漂亮的衣裳。

我们请村里的婆婆坐上我们的汽车，和她们一起去出工。汽车刚一启动，老婆婆就嚷嚷着要下去。她一辈子没坐过汽车，心里实在不踏实。大家劝了半天，扶着她，在她亲手修的路上走了一里路。

筛4吨河沙，只能获得9块钱

蓼子乡长元村的熊昌碧听说我们要去她家，拒绝了。她不愿意外人看见她家生活的窘状。乡干部费了好一番口舌，她才接受了采访。

熊昌碧很瘦小，年迈的母亲双目失明，她很早就嫁到了长元村，生了一对儿女。几年前丈夫上山打柴，被滑坡的石头砸死。熊昌碧改嫁一位鞋匠，又生了一个女儿。安稳的日子没过多久，鞋匠因为一场病卧床不起，熊昌碧的生活又陷入深渊。

为了给丈夫治病，熊昌碧债台高筑。钱花了不少，丈夫的病却越来越重。医院是住不起了，熊昌碧把人拉回家，自己学着给丈夫打针，没钱买药，病治得断断续续。

我们在她家见到躺在昏暗角落里的丈夫，眼睛瞪得大大的，困难地喘息着。同去的医生初步诊断，是结核性胸膜炎。

熊昌碧没读过书，一双儿女却非常用功，双双考上了中学，因家庭困难，不得不双双辍学。15岁的儿子跟随同村人去外地挖煤，已经走了几个月，一点信息都没有。想儿子的时候，她就捧着儿子的书包嚎啕大哭。

12岁的女儿辍学之后留在家里，帮助母亲种地、照顾妹妹，还要去河边筛沙子。

熊昌碧家的屋后，有一条前河，筛河沙可以换些钱。熊昌碧的女儿跟着母亲一起筛。她说好想上学。

4吨沙子筛好了装上汽车，买主只付15元钱，除去要交付的河流承包费，熊昌碧只能获得9块多。

2001年，我离开熊昌碧家不久，城口县计生委联合有关部门，把她的丈夫接进了计划生育部门的医疗机构，减免了大部分费用，为他进行了治疗。

149

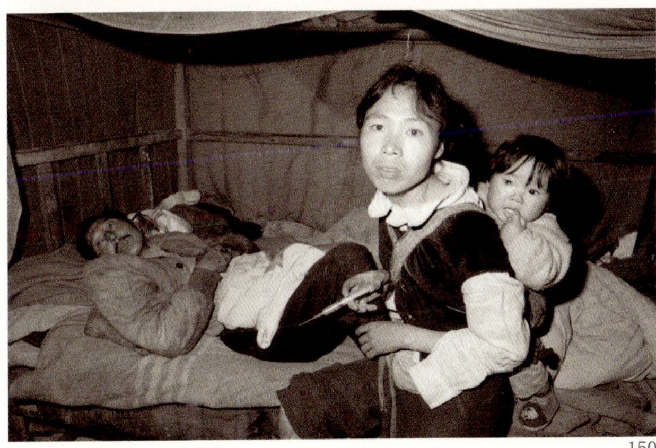
150

151

⊙149 熊昌碧背着年幼的孩子和大女儿在前河边筛沙子。

⊙150 熊昌碧为患病的丈夫打针。

⊙151 熊昌碧把希望寄托在孩子的身上。

2006年，我到重庆回访，得知熊昌碧丈夫的病好了很多。这些年，她陆续收到一些捐款，2005年盖了新房，儿子要成家了。

她还是去筛沙子，因为附近修路，沙子的需求量和价格都提高了，她的收入也多了些。

我只有这一双手

距城口县城最近最好走的一个村子，爬上山要3个小时。说是村子，从山脚到山顶，断断续续都有人家。

放眼望去，坡度60度的山坡上都要种上庄稼，在山地，土壤非常稀缺。

上山是名副其实的爬山，当地的女人们，背着百余斤的背篓爬上爬下，走累了只是倚在崖石上歇息片刻。

我这个在平原长大的人，跟在她们身后，踩着她们泥泞的脚印向上攀登，手脚并用，一会儿就气喘吁吁了。据当地人说，这还不是最难走的路，住在“手扒崖”山洞里，那路才真叫难走。所谓“手扒崖”就是在陡直的峭壁上，人紧贴着崖壁攀上攀下。

那天，我认识了38岁的覃纯菊。

与覃纯菊相见有些偶然。我们已经结束在山上的采访，回到了乡政府，与乡长交谈中得知了覃纯菊的一些情况，当即决定去覃纯菊所在的山村。那时已近傍晚，我们赶到时，她和两个女儿还在水田里插秧。

她领我们回到了她家，那是一座尚未完工的房子。之前，她和女儿一直住在山上的一间土屋里。

覃纯菊十几年前嫁到了这里，9年前的一个早晨，覃纯菊醒来发现，丈夫没了踪影，从此音信皆无。他把两个女儿和一个贫穷的家通通抛给了覃纯菊。覃纯菊失声痛哭，村里人说，那哭声听着让人心碎。

覃纯菊家没有大牲口，农忙时，她靠换工的方式请别人帮忙种地，自己再帮别人干活。

覃纯菊只念过小学，但是她的信念却很执着，一定要让自己的两个女儿上学，哪怕是靠借贷，也不让孩子辍学。为了给孩子凑足学费，大年初一，覃纯菊就背着采摘的一筐山菜到县城去卖。为了卖个好价钱，她天还没亮就出门了，坡陡道黑，她一个跟头摔了下去，爬起来继续往县城赶。县城里家家团聚，燃放鞭炮，覃纯菊忍着伤痛，满街吆喝山菜，盘算着一筐山菜能给孩子换回多少学费。

她对女儿说，只要你们能够考上学，妈就是拼上这条命，也要供你们。

六一儿童节，学校里发给女儿几小袋小食品，孩子们舍不得吃，一直送到田间，留给妈妈尝一尝。在没有男人的屋檐下，母女三人相依为命。

覃纯菊一般早上4点多钟起床喂牛，一直忙到深夜才能入睡。她的手骨节已经变形，皮肤粗糙得像树皮，全然不像一位三十几岁妇女的手。

她说：“我只有这一双手，要靠它们养活我的女儿，供她们读书。”

她的老屋在2000年的夏季，被山洪冲垮了。一夜之间，母女三人成了无家可归的人。

她说，那时躺在半边屋顶下想，要是再来一次山洪把自己砸死算啦，也许，一切就解脱了。政府向她伸出了援助之手，给了她一部分建新房的资金。覃纯菊带着两个女儿从山下一次次把所有的石料背了上来，没黑夜没白天地整整干了一个月，娘儿仨的脊背脱了一层皮。

我向覃纯菊表示，愿意资助她的大女儿上学，女孩给我跪下了，那一刻我非常难过。

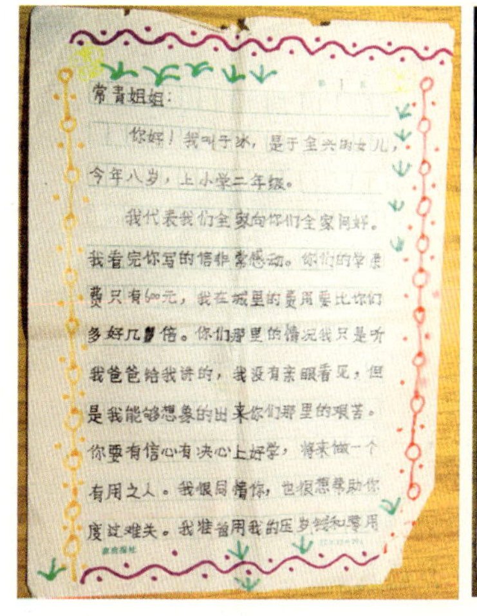

常青姐姐：

你好！我叫于冰，是于全兴的女儿，今年八岁，上小学二年级。

我代表我们全家向你们全家问好。我看完你写的信非常感动。你们的学杂费只有600元，我在城里的费用要比你们多好几倍。你们那里的情况我只是听我爸爸给我讲的，我没有亲眼看见，但是我能够想象的出来你们那里的艰苦。你要有信心有决心上好学，将来做一个有用之人。我很同情你，也很想帮助你度过难关。我准备用我的压岁钱和零用

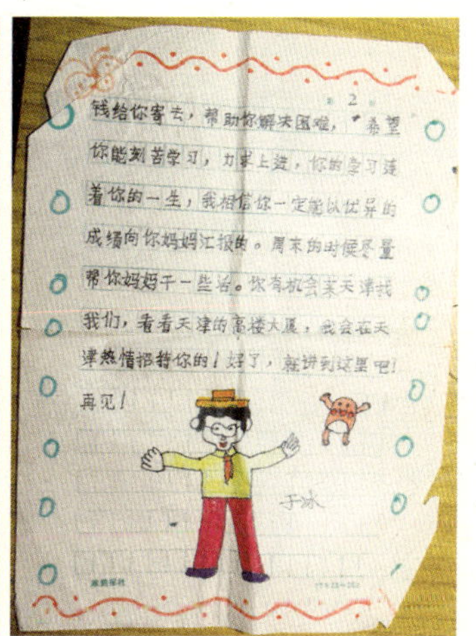

钱给你寄去，帮助你解决困难，希望你能刻苦学习，力求上进，你的学习连着你的一生，我相信你一定能以优异的成绩向你妈妈汇报的。周末的时候尽量帮你妈妈干一些活。你有机会来天津找我们，看看天津的高楼大厦，我会在天津热情招待你的！好了，就讲到这里吧！再见！

于冰

152

⊙152 2001年作者的女儿写给常青的一封信。

7月下旬，我回天津休整期间，覃纯菊的大女儿常青给我来了一封信，姐妹俩双双考上了初中，只是每人一学期要600元的学费，实在交不起。我曾对常青说过，只要她能考上初中，我就资助她。同事王擎钢编辑看完信后，当即决定每年资助1200元钱供常青的妹妹上学。我回家把资助常青的事告诉了妻子和女儿，8岁的女儿悄悄进了她的卧室，拿出她的压岁钱，说要帮助小姐姐上学。

2004年4月，覃纯菊的丈夫回来了。之前，他给家里来过一封信，一个电话。电话是女儿常青接的，他在电话那头说，对不起她们娘仨。

覃纯菊的丈夫1993年到河南，1996年到新疆，2002年到陕西。他在陕西一家金矿赚了些钱，但一次工伤，挣下的钱差不多全花光了，还落下了一条残疾的胳膊。

2004年，他回家时，身上不到1000元钱。

覃纯菊见到丈夫时，没有掉泪，丈夫在她的眼里已经陌生了许多。

中午吃饭，不少村民听说覃纯菊的丈夫回家了也过来了。覃纯菊当着村里人的面，给丈夫打了酒。‘

“我在回来的路上买了一只烧鸡，没舍得吃，给你们带回来了。外面的饭菜没有家里的好吃。”丈夫陪着小心。

“你心狠，丢下娃娃走那么多年，要是在街上遇见她们，你怕是都认不得了。”

153

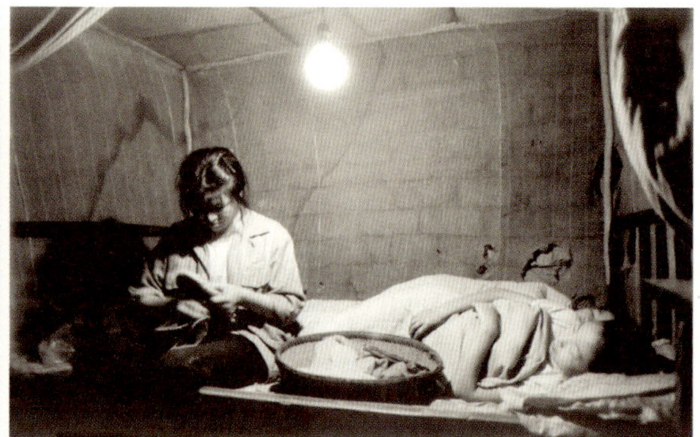
154

156

159

160

155

157

158

⊙153 覃纯菊在前河边筛沙子。

⊙154 寂静深夜，孤灯之下的覃纯菊还在继续操劳着。她像一架不知疲倦的水车，只要能够转动，就要给自己的孩子创造好一些的生活。

⊙155 这是一张很美好的合影，覃纯菊与女儿们脸上都洋溢着欢笑，孩子们的好成绩给母亲带来莫大的欣慰。还有什么比得上希望更能给覃纯菊以支撑呢？如果没有走出大山的渴盼，脚下即使是一条坦途也枉然。

⊙156 当女儿将糖送进母亲嘴里的时候，苦命的母亲内心里涌动着甜蜜。这种相依为命的亲情，能够融化生活所有的艰辛。

⊙157 覃纯菊背着这100多斤的沙子，一趟趟往返于山上山下，硬是自己背出了一幢屋。靠天靠地更要靠自己，覃纯菊拿自己勤劳的双手和坚强的臂膀，去赌自己的明天。

⊙158 土豆是大巴山农民的主食。民以食为天，覃纯菊扒出土豆的时候，脸上多少有了些笑意。

⊙159 尚未完工的房子。

⊙160 2006年已完工的房子。

⊙161 丈夫在给覃纯菊夹菜。

⊙162 覃纯菊说：“这么多好心人来帮我，我只想自己使劲儿地做，早点脱贫致富，如果再扶不起（我），就太对不起他们啦，心头太愧疚了！请好心人放心吧！”

161

162

“爸爸都回来了，还说这些干啥子。”大女儿劝到。

“你希望他回来吗？”我问。

“娃子都希望他回来，那就回来吧。”

“你恨他吗？”

“娃子都不怨恨，我恨他做啥子。”

“你想过离婚吗？”

“没有，我一直盼着他回来。可他回来断了手，重活干不了。有啥法子嘛，这都是个人的命，我的命孬。”

“你盖房子的事情和他说过吗？”

“没有。说那些做啥子。”

2005年，丈夫修房子的时候摔了下来，送到医院住了近3个月，花了两万多的医药费。一个经过“幸福工程”帮扶的家庭，眼看就要再此陷入债务的困境，幸亏大女儿及时带了2.3万元回来。

两个女儿都考上了万州卫校，但因为没钱，都没有上。小女儿在家，大女儿到深圳打工去了。2005年7月，正赶上央视《欢乐中国行》在深圳为“幸福工程”义演。组委会通过电话和我联系，找到了在深圳打工的常青。那两万多块钱，正是那天演出时观众的捐款。

前两年，常青来天津找过我一趟。我问了她家里的情况，她说父亲干不了重活，但做些小工，能帮上妈妈。我帮常青找了份工作，因为水土不服，她干了半年多就回去了。现在她已经结婚，想开一个卖菜的小店。

再回大巴山

163

⊙163 四月的大巴山。

2006年4月12日，我第二次深入大巴山。

穿过四月飘雪的大巴山，我们抵达了城口。稍事休息，随即开始工作。在浏览当地计生协会提供的贫困母亲资料时，我发现将要采访的四位贫困母亲其中三位都没有丈夫，家境极其困顿。

“她们都很年轻，为什么不再改嫁呢？”面对我的疑问，县人口计生委的袁书记告诉我，城口的大部分农村妇女一旦失去丈夫就很难再嫁。城口县属于偏远高寒山区，执行的是普生两个孩的生育政策，不少家庭都有两位或者三四位老人，这样的家庭，在贫困的大巴山地区，负担起来不是件轻松的事。大部分男人都不愿走进这样的再婚家庭。所以，女人一旦守寡，常常意味着再也嫁不出去了。

⊙164 黄由香的愿望是养4头猪或种蔬菜。

⊙165 黄由香在施肥。

我的眼泪那一年流完了

黄由香住在葛城镇庙垭村，双腿稍稍有些残疾，38岁的脸上布满了皱纹。

她家的屋子很矮，我钻进去，几乎直不起身子。屋内很黑，惟一一盏昏黄的电灯，只有在女儿晚上学习时才用。房子四面透风，室内和室外的温度没什么差别。

1995年冬天的一个早上，大雪几乎压塌了茅草屋，母女三人挤在一起，没有被子，盖着别人送的旧衣服。黄由香给3岁的大女儿穿好衣服，送到邻居家烤火，自己背着1岁的小女儿下地干活。丈夫挖煤遇难的噩耗传来，黄由香背着女儿一头栽倒在水田里，那年她才26岁。

三年后的一个晌午，她和小女儿拉肚子，十多分钟拉一次。母女两人往医院走，女儿走不动了，要妈妈背，黄由香背不动，向路人求告：“哪位好心人能背她去看病啊？”

164

165

有好心人把小女儿背到县城她一个朋友家。

黄由香自己用了四五个小时才蹭到县城，在朋友家找到了孩子。

“能不能再借我点钱啊？”她跟朋友说。

“我能借你，但你怎么还呢？”

“我打粮还给你。”

朋友借了她50元钱。

看了病回家，大女儿又腹痛起来，多亏邻居帮忙，又给了她70元钱，没要她还。

黄由香后来打了粮食，背了40多斤的大米，去县城还上了朋友的钱。

“我的眼泪，在那一年流完了。”黄由香说。

黄由香的大女儿，2005年的时候15岁，在城口县职中上初二，小女儿12岁，读6年级。

大女儿上初中的时候，家里没有钱。女儿哭着说：“我不管，我就要读书。”黄由香借了能借来的所有的钱，交完学费，家里连盐都没有了。

“还好，大家都在帮我，女儿一天都没有断过学。”这是黄由香最大的安慰。

女儿的大伯每年送两个小猪崽给她，喂大了，可以卖了还债。

“其实，最难的日子都过去了。如果能多种点蔬菜，再养几头猪，等女儿长大了，日子就好过了。”

没有最难的事情，因为一切都很难

前河流经整个城口县城，河北岸有一个锰矿，连接南岸的是一座晃晃悠悠的吊桥。林孝英的家就在吊桥旁边。

林孝英的房子是个半拉子工程，她说，自从丈夫去世以后，房子就是这个样子，已经六年了。

林孝英当时36岁，看上去比实际年龄老许多，两只手粗糙得不像女人的手，皮肤龟裂，指缝里是黑黑的矿沫儿。6年来，林孝英像男人一样在河对面的锰矿选矿。每天要选3吨，从早上7点一直干到晚上8点，一年能收入1800多块钱。

她凭着自己的双手养大了两个儿子，供他们读书。大儿子在读初一，小儿子读小学四年级。

林孝英的丈夫是2000年修房子时触电死的。修房子的材料全

166

167

⊙166 林孝英的丈夫死后，房子就没变过。
⊙167 林孝英在分拣矿石。

是赊来的，一共有6000多块钱，至今没还。每年的除夕，赊材料的人上门催帐，坐着不走。林孝英只好告诉他们，等儿子长大了一定还。实在不行，就把房子拆了，把材料拉走。从2000年以后，家里就一直没有杀过年猪。邻居可怜她们，过年时送块肉过来。林孝英舍不得吃，一直给孩子留着。

在她家厨房，我看到了挂在墙上的那块肉，已经长满了绿霉，肉上留着一小道一小道的刀痕，平时炒菜时割下来一小片，算有了荤腥。

林孝英的话很少，一直低着头坐在那里。

我问她这些年来最难的事情是什么，她竟摇了摇头。

“没有什么是最难的，没有了丈夫，一切都很难。”

除了日子艰难，林孝英最难的是每年孩子开学的时候，要四处去借钱。后来学校不交学杂费了，林孝英松了口气。

她身体不好，经常犯胃病。有次在矿上晕倒了，是周围的人把她背回家的。当时小儿子只有五岁，大儿子有癫痫，一犯病就倒在地上人事不醒。她在床上躺了五天，小儿子煮饭，没淘干净米，饭煮出来是黑的。她一手抱着孩子，一手端着饭碗，哭得喘不过气来。

讲到这些，林孝英浑身颤抖，眼泪顺着脸颊哗哗地流，两只手在胸前搓来搓去。

“后来开矿的老板来看我，给我带了治胃病的药，还给了50块钱。说等我好了，再去矿上打工。周围的邻居也来看我，帮我煮饭。没有他们的帮助，我还要难得多。”

林孝英一直不想让我拍她流泪的照片，实在忍不住时，她就背过身去，擦干眼泪以后再面对镜头。

我们请林孝英在外面吃了午饭，大家吃得很少，想让她打包带回家。饭后，拎着大包小包的林孝英第一次露出了笑容，“娃们见都没有见过这些东西，不晓得会有多高兴，这比我们过年吃的还要好啊。”

林友芳家的宅基

在山脚下就看到了林友芳的房子，土墙已经倾斜，房顶只有部份的瓦片，剩下的地方用茅草和塑料布覆盖着。准确地说，这是林友芳借住的房子，她原来想建的自家的房子在旁边，只有地基和几根钢筋，丈夫因一场意外去世后，就一直撂在那里。

36岁的林友芳身体单薄，上有老下有小。妹妹远嫁，父母一直和她生活在一起。母亲患白内障，眼睛只有一点光感。林友芳有两个儿子，大儿子读初一，小儿子读小学五年级。

借住的房子有一大一小两间房，凉板搭成三张床，铺着塑料布、茅草和棕垫，被子是两块棉絮，已经变成黑色。

丈夫出事前，林友芳一直在生病，但是丈夫肯干，脾气又好，对老人十分孝顺，一家人过着清贫但还算安生的日子。去年底，别人占用了她家的土地，补偿了1万元钱。家里的老房子摇摇欲坠，全家想重新修盖房子。正月初三拆了旧房，初十动工打地基，一家人在对新房子的期待中度过了最后一个团圆的春节。

正月二十七的晚上，丈夫深夜从邻居家干完活回来，因太劳累，一头摔进河里淹死了。

“我看到他湿淋淋地躺在那里，就倒在地上，啥也不知道了。”

168

⊙168 “不知这房子是否还能盖起来？”林友芳说。

林友芳只记得，前一天晚上，丈夫说要早点把房子修盖起来，让自己过上好日子。丈夫的突然去世，把这点希望一起带走了。

我们站在那个曾经充满希望的宅基上，一条灰狗过来嗅了嗅我们，失望地走开了。林友芳说，自从丈夫死后，这条狗天天都要到路上去等，家里来人，它都会上前辨认，每次都失望地走开。

我问林友芳眼下的愿望，她说："以前是修盖新房，现在不可能了。就想多喂两头猪，照顾好老人和娃，等娃们长大了就好了。"

儿子没了

爬了五十分钟的山路到了罗世秀家，她和丈夫杜远成迎了出来，那一刻，我有一种莫名的欣慰，虽说家是低矮的茅屋，家徒四壁，但毕竟是一个完整的家庭。

后来我才知道，自己的判断错了。

罗世秀的儿子夭折已经15年了，提及此事，她用手捂住胸口，不胜伤心，儿子死时只有5岁，罗世秀从此落下了胸口痛的病根。

5岁的儿子活着时，十分懂事听话，还能带两岁的妹妹，帮大人做点力所能及的事。一双儿女的欢笑声，让穷日子过得也有滋有味。

1991年除夕，一家人正在准备年夜饭，儿子突然嚷肚子疼，杜远成赶紧把孩子送到县医院，在医院打了针，孩子还是恹恹的，回家的路上经过一家童装店，儿子想要一套新衣服，说穿着去外婆家过年。看病已把钱用的差不多了，杜远成开始没有答应，一向听话

169

⊙169 罗世秀在做饭。

⊙170 曾乐碧，27岁，蓼子乡莲花村人，丈夫在外打工，每年回家一次。5岁的大女儿不仅照看着1岁的妹妹，还要帮妈妈下地干活，拾柴煮饭。

171

172

173

⊙171 已经临产的女人还要继续劳作，在西部山区这绝非偶然。
⊙172 罗世秀背柴回家。
⊙173 这是一双母亲的手。

的儿子这次却闹着要，杜远成只好向旁人借了15元，买了那套新衣服。

大年初一，穿着新衣服的儿子没有去成外婆家，初二的上午，两天没有吃饭的儿子头都抬不起来了，杜远成背着孩子去打最后一针，罗世秀追出来，孩子强打精神冲她笑了笑，挥了挥手。

“那是儿子给我笑的最后一次呀。”罗世秀泣不成声。

“我背着儿子约莫走了2里路，”杜远成说，“只觉得背上的孩子已经没有什么份量了，轻飘飘的，儿子说想去外婆家，我说打完这一针，好了我们就去，可过了一会儿，儿子的头一耷，放下来一看，儿子没了。”

孩子死后埋在了不远的一片树林中，入土的时候还穿着那件新衣服。

丧子之痛，让两口子迟迟缓不过劲来。如今女儿已初中毕业，出去打工了。杜远成对不能让女儿再多读几年书，耿耿于怀，他不希望女儿一生像自己一样，在贫困和伤痛中挣扎。

脱得了贫，生不得病

到新盛镇玉皇村时，天下着雨，汽车上不去，只能下车爬山。两个多小时后，我们看见了潘昆容和她丈夫承包的荒山。当年的荒山，眼下变成了漫山青翠，遍野飘香的花果山。

从1995年开始，潘昆容全家开始承包荒山300余亩，因为资金短缺，效益一直不好，一家5口人年均收入不足500元。1997年初，县计生协与她签定了“幸福工程”无息贷款1万元的协议，镇计生协又注入2500元的无偿资金扶助。

潘昆容夫妇经过几年苦战，建成了200余亩果林，搞起了酿酒加工和养猪业，2001年可望收入7万多元。

夫妇俩用他们生产的果子和酿出的美酒招待我们，劳动致富后的那份喜悦，不言而喻。

我们在打通镇马颈村见到一位年轻的母亲李茂珍。

事先，綦江县计生委梅灵先主任已经告诉我，李茂珍是受“幸福工程”帮助的致富典型，但是很不幸，境况刚刚好转，她却被检查出患了肺癌。

她家新盖的楼房有200多平米，样子挺好看，只是还未完工。

李茂珍正在屋后割猪草，见了我们，惨白的脸上有了笑意，她

174

175

⊙174 潘昆容用新鲜的果子招待客人。
⊙175 李茂珍整理新摘下的桃子。

招呼我们坐下，给我们洗桃子吃。

李茂珍与丈夫是同学，自由恋爱，感情一直很好。从1990年开始，李茂珍家不断得到当地计划生育部门的资助，靠种果蔬养家畜，收入从1990年的1000多元，增长到2000年的2万元。不但自家脱了贫，还能向附近贫困户无偿提供优质果树枝条和技术服务，受到乡亲们的赞誉。

李茂珍被查出肺癌后，并不怎么介意自己的病情，只是担心两个尚未成年的孩子。她说话已经很困难了，喘息着告诉我，她非常非常感谢“幸福工程”，让她的一家过上了好日子。我不知道如何安慰她。

我们离开她家走到村口时，李茂珍的丈夫背着一篓桃子追上来，一定要我们带着路上吃。我们推辞不过，只好收下。随行人员把所带的几百元钱全都掏了出来，嘱咐他给李茂珍治病。

李茂珍才39岁，刚刚看见致富的曙光，却要在癌症中倒下，让我们的心情倍感沉重。

2001年年末，我与梅灵先主任取得联系，得知李茂珍因病情加重，已住进重庆市医院。我在远方为她祈祷平安。

从5公斤米到三层小楼

万州一户贫困人家，1997年拿到了“幸福工程”1500元的资助，到2000年已有能力盖起一座三层小楼。这消息真是让人振奋。

176

177

⊙176 陈安珍的新房和老房。

⊙177 丰收在望，连传会掩饰不住内心的喜悦。

女主人叫连传会，那年36岁，她的丈夫谢发贵比她年长10岁，是上门女婿，有一个女儿在读初中。

女儿一岁的时候，夫妻俩从女家分出来过，只得了5公斤米，贷款盖了间屋。几年前靠借贷种过蔬菜、养过小鸡，但无一成功。不仅没有摆脱贫困，还拉下了不少债。

这时候，“幸福工程”给了她资助。连传会转向反季节苹果种植，后又扩展种植葡萄、草莓、中草药，日子渐渐有了奔头。

以前，她家过年只敢割一只猪脚吃，现在餐餐都不少鱼肉。

她家盖小楼，向人借了3万多块钱，丈夫谢发贵对此并不在意，说只要当年的果子下来，一季苹果就够他还帐的。

我要他感谢老婆，说我们的“幸福工程”是资助贫困母亲的。

谢发贵憨厚地笑道：“那我这样的贫困父亲就跟着沾光了。”

陈安珍是个快乐的女人，总是笑呵呵的，若在几年前，她是笑不出来的。公公和丈夫有病，欠了一大堆的帐。1997年，她拿到“幸福工程”1000元的资助，开始养蚕、喂猪，几年下来，仅养蚕一项一年就收入1万多元。还清了外债，新修了房子，还置办了家用电器。

日子舒心了，陈安珍也爱笑了。她们夫妇俩有一个女儿，问她是否还打算再生育。她直率地答道：“能把这一个培养好了，比什么都强。”

178

⊙178 陈安珍，38岁，万州区分水镇双丰村人。全家5口人，1997年接受“幸福工程”扶贫款1000元发展养蚕，年收入5000多元。

在四川

2001年6月/2006年4月/2008年11月

大凉山深处

大凉山的山峰不算陡峭，但相对海拔比较高，布拖县城的平均海拔都在2500米以上。

布拖县[注]地处横断山脉与云贵高原的结合部，当地地貌有句顺口溜：三个坝子四片坡，两条江河绕县过，九分高山一分沟，立体气候灾害多。

在木尔乡的叶尔村，吉地么赤牛给我讲述了她的家庭情况。她家5口人，仅有4.5亩土地，去年打了450多公斤粮食，只够全家吃半年，其它几个月要靠政府救济和找亲戚借粮度日。母亲有病，两个孩子上学的费用要靠村里支付。丈夫因语言问题不能去远处打工，只能在家照看庄稼，帮人干些活儿。吉地么赤牛为别人代养了一头小猪，为的是猪长大产崽后能够分得一半的猪崽儿。

井子阿果，几年前丈夫就去世了。家有4亩地，打的粮食勉强够3个月左右，其余的口粮要靠亲友帮衬。两个孩子的学费也要靠村里支付。小儿子头顶生了疮，半年不愈，越烂越大，已经到了耳边。井子阿果找来些药水给孩子抹，仍不见好。

179

⊙179 墙上掏个洞，权当窗户。

我问："孩子的头顶烂成这样，怎么不去医院看？"

"家里连吃的都要去借，哪有钱给孩子看病，这瓶青霉素药水还是找别人赊来的。"同行的人替井子阿果翻译。

一位名叫正英此歪的母亲，刚刚生下孩子17天，和孩子们围着一只破笸箩吃着粗糙的苞谷饭，月子中也没有任何好些的吃食。这样的苞谷饭，她一年也只能吃上六七个月。

在大凉山深处，我们经过一片山坡地，听到有婴儿嘶哑的啼哭声，停下车来，循声望去，见一个婴儿趴在田间，嘴角粘满了泥土，母亲正在不远的地方耕作。

"孩子哭啦。"我们走过去。

"知道。"母亲说。

"抱抱他吧。"

"哭累了他就不哭了。"母亲继续耕作着。

陪同的翻译问清了情况。这位年轻的母亲叫阿库阿牛，家里只有这3亩坡地，去年收获了150多公斤粮食，仅够全家维持两三个月的口粮。"

"那也不能让孩子就这么哭啊。"

注：布拖，古称基那布特。相传很久以前，一个名叫阿基那波的黑彝率领阿基部族翻山越岭来到有松树的坝子居住，故称居住地点为"基那布特"。又因地势平坦，亦称"布特觉谷"。
布拖县位于凉山州东南部，是彝族聚居的高寒山区半农半牧县，也是国家扶持开发重点县。距州府西昌114公里，面积1685平方公里，人口15万，彝族人口占94%。县境内海拔2000米以上的高寒山区占全县幅员面积的89%，最高的阿布择鲁山海拔3891米，山势险峻，道路崎岖，气候寒冷，冬季长达170天左右，年平均气温约为摄氏10度。1955年建县。

⊙180 子布么打牛，31岁，布拖县觉撒乡马依包村人。全家4口人，9亩土地年收成350公斤荞子和洋芋，只够全家吃五个月，靠政府救济和借粮生活。

180

181

182

183

184

185

⊙181 阿库阿牛，21岁，昭觉县解放乡呷支社人。全家3口人，3亩坡地年收成150公斤粮食，政府救济口粮。
⊙182 吉地么赤牛在捻线。
⊙183 大凉山，贫困家庭的孩子们肩背的不是书包，而是打草的筐子，在她们本该读书的年纪，却过早地承担起生活的艰辛。
⊙184 大凉山的孩子。
⊙185 正英此歪，39岁，布拖县补洛乡尾使沟村人。全家5口人，3亩土地年收玉米335公斤，只能维持全家六个月，其它靠政府救济。母亲怀中的婴儿只有17天，但她每天吃的只是苞谷饭。

她说背着孩子干活，累不说，太慢了。陪同翻译着。

彝族年

我2008年11月再到布拖时，正赶上过彝族年。县计生局领导让司机比布陪我到基只乡采访，基只乡是比布的老家，他可以顺道回家过年，兼做我的翻译。

在老古村路边的一处房子前，比布对我说：“这是老古村的村委会，你就住在这儿。明天是彝族年，我要回家杀猪，不能陪你了。”彝族风俗，过年杀猪那天不接待客人。比布和父亲商量，还是邀请我去了他父亲的家。

过彝族年，一定要杀年猪。

那天上午，几个小伙子来比布父亲家帮忙。猪很大，散养在院子里，大家围起来抓到一头，宰杀后，去毛、开膛，把割好的肉和内脏放到屋里的神龛上。

神龛是比布父亲家最惹眼的地方，正对着门，有一个很大的案子。屋里没有窗户，一边是床，一边是锅台，灶火还兼屋里光源的作用。

肉在锅里煮着，做法很简单，煮熟捞出，撒些盐，众人吃得津津有味。

吃顿肉，在当地是个值得高兴的事。我第一次上凉山时，遇到一家人死了猪，把远近的亲戚都找了来，一起解馋。比布是拿“国家工资”的县里的司机，在村里是个受人羡慕的工作，父亲家在村里也算条件好的，但这样宰猪吃肉，一年中也就过年的时候。

⊙186 去往老古村的路上。
⊙187 老古村村委会。
⊙188 回娘家。
⊙189 比布的父亲。
⊙190 杀年猪。
⊙191 烟熏。
⊙192 去毛。
⊙193 全家过彝族年。

全乡第一个考上本科的孩子

老古村有11个村民小组，410户人家，1409口人。全村耕地面积两千多亩，主要种植苞谷、荞子和洋芋，2008年政府对这里实行两补政策，每亩补贴64.3元。

地罗么惹雷有两个孩子，大的已经成家，小的在2006年考入了四川理工学院，学的是音乐表演专业，他是1949年以来全乡第一个考上本科的孩子。

家里把惟一的耕牛卖了1800元，又欠下高息借款2万元，还向亲戚朋友借了2万元。说起儿子上学，地罗么惹雷既高兴又无奈。

186 187 188 189 190 191 192 193

194

195

196

197

198

她家有3亩耕地，平日里收成的洋芋、燕麦和苞谷不够全家口粮，每年还要借500块钱买粮食。孩子读了一年大学，家里就没能力供了。村干部说，娃是老古村的骄傲，得让他读呀！读出来就能挣大钱了。

地罗么惹雷和丈夫为此没黑没白地干，做小工，赊母羊喂养，但仍是不够。孩子开学的时候，她只能挨家挨户去借钱，能借的都借到了，十几、几十块钱地往起凑。但孩子每年学习生活费用要两万块，对地罗么惹雷一家，这如同天文数字。

一组数字

我在老古村记录了下面一些家庭的情况和数字：

王渣么日作，20岁，家有2亩耕地，半亩种洋芋收成1000公斤，半亩种荞子收成75公斤，1亩种苞谷收成150公斤，差5个月的口粮。丈夫农闲时外出打工收入1500元，现欠外债1000元。

吉伍么子歪，21岁，有两个女儿，4亩耕地种洋芋、荞子和苞谷，口粮够吃。丈夫常年在县建筑工地打工，每月600元收入，减掉

199

203

200

204

201

202

⊙194 地罗么惹雷只有一个愿望，养一头本地母牛，供娃娃上学。

⊙195 日了么有牛，22岁，老古村十一组人。全家4口人，5亩耕地种植洋芋、荞子和燕麦，靠养5只羊增加经济收入，今年卖两只收入500元，为给儿子订娃娃亲，欠外债10000元。

⊙196 俄地么力作，23岁，老古村八组人。两个女儿，3.4亩耕地种植洋芋、荞子和苞谷。丈夫在外打工，年收入2500元。

⊙197 吉地么牛作，39岁，老古村十一组人。全家4口人，7亩耕地种植洋芋、荞子和燕麦，经济来源靠喂5只羊，丈夫外出打工三年未归，也没寄回一分钱。为给儿子订婚，欠外债5000元。

⊙198 王张么陈刘，23岁，老古村九组人。六个月大的儿子2006年因病死亡，4亩耕地包给别人换回500公斤洋芋，两口子到外地打工一年带回5000元，用于贴补家用及还清外债。

⊙199 已有身孕的王渣么日作在院子里织布。

⊙200 丈夫忙于村里的事，家里的大事小情都由且沙么色作操持。

⊙201 曲木么此作背着女儿洗菜。

⊙202 阿能么叶扎在烤土豆。

⊙203 秋么机作，31岁，老古村十一组人。全家5口人，3亩耕地收成洋芋2000公斤、荞子250公斤，口粮不够吃，借300元买口粮，丈夫农闲时做小工收入500元，赊6只小羊喂养增加收入。

⊙204 阿吉么子阿木，22岁，老古村七组人。一个女儿，5.1亩耕地收成洋芋1000公斤、荞子100公斤和苞谷500公斤，差三个月的口粮，借钱买口粮，欠外债3000元。

205

⊙205 苏呷么小明，25岁，老古村九组人。全家4口人，2亩耕地种植洋芋、苞谷、荞子和燕麦，差两个月的口粮，丈夫在本地做小工年收入600元，她在家养羊，今年卖一只羊收入250元，无外债。

⊙206 地洛么此各，32岁，老古村五组人。全家5口人，3亩耕地种植洋芋和苞谷，差五个月口粮，丈夫在本地打工修路，年收入3000元，赊有一头小母猪，欠外债4000元。

⊙207 村支书和他的妻子。

⊙208 比布的爱人给作者做挂面汤。

⊙209 老古村村民。

207

206

208

209

租房费和生活费余100多元。丈夫上学时借的11000元外债至今没有还清。

你包么肥扎，27岁，全家5口人，3.4亩耕地种植洋芋、荞子和燕麦，丈夫农闲时做小工收入400元，家有一头母猪，当年卖小猪收入250元，欠外债400元。

吉木么此伙，32岁，全家5口人，3.4亩耕地种植洋芋、苞谷、荞子和燕麦，差三个月口粮，丈夫到外地打工收入2000元，她在家喂养两头猪，卖小猪收入500元。因老人过世欠外债7000元。

且沙么色作，48岁，全家5口人，4亩耕地种植洋芋、苞谷、荞子和燕麦，收成够全家口粮，丈夫是村支书，每月工资260元。她在家养猪和羊，当年卖小猪和小羊收入700元，无外债。

吉刘么子作，39岁，全家5口人，3亩耕地种植洋芋和苞谷，差三个月口粮，丈夫是村长，每月工资260元，她在家喂一头母牛，今年卖小牛收入1100元，欠买牛的借款4000元。

曲么木俄外，37岁，全家5口人，5.1亩耕地种植洋芋、荞子和燕麦，每年的收成差两个月的口粮，丈夫是村会计，每月工资260元，欠外债1000多元。

曲木么惹子，30岁，全家5口人，3.4亩耕地种植洋芋、荞子和苞谷，每年的收成差两个月的口粮，她在家喂养1头母猪，卖小猪收入500元。丈夫是村七组组长，每月工资130元。

……

大凉山很美，但它深处的贫困，让人沉重。

交不起40元学费

阿坝黑水县知木林乡热里村的叶兴初有两个女儿，丈夫死了，女儿辍学。

她们住在借来的“房子”里，是石头垒就的一个窝棚，窝棚很暗，我适应了好一会儿，才看清里面的情况。

叶兴初戴着一顶旧军帽，如果不是耳边摇晃的耳环，很难分辨出她的性别。

“你男人呢？”我问。

“走了。”她说。

“去哪了？”

“就是离村子几十公里的镇子上，打工。”

“现在呢？”

210

211

212

⊙210 叶兴初看着女儿一筹莫展。
⊙211 6岁的小女儿依妹只读了3个月的书，便因交不起学费而辍学。
⊙212 小依妹说，她很想上学，多学知识，长大了想做一名教师。

"走了。"

"就是死了。"县计生委主任俄木学向我说明，"她丈夫是在伐木场做工时，被山上滚下来的木头压死了。伐木厂是家私营企业，她一分钱的赔偿也没有拿到。"

家里的顶梁柱倒了，经济来源一下成了问题。2000年，她家的收成只有100公斤青稞。如今母女三人长期向娘家借粮吃。

"那，孩子还上学吗？"

6岁的小女儿和9岁的大女儿在旁边一声不吭。

"不上了，没钱上了。"俄木学代她们回答。

"还想上吗？"

小女儿听我这话，跑进屋，抱出她的作业本给我看，那上面都是“对勾”。

“学得真好。”我夸奖道。

她哭了，“这学期我没有去上学。”

“为什么？”

“妈妈没给我交学费。”

“你每年的学费要多少钱？”

“40块钱。”

我从口袋中翻出60元钱递给她，“去交学费吧。”

孩子一愣，然后扑通跪了下来，我一把拉起她，把她抱在怀里。

被夹在塌方与泥石流之间

213

⊙213 汽车在清理出的窄道上勉强开了出来。

2001年6月，按照原计划，我要从黑水县到茂县去。

天降大雨，傍晚，我们乘坐的面包车行至半路，前方出现泥石流，泥沙裹着石块倾泻下来。县计生委主任俄木学在身旁大叫倒车，车子在泥石流边上停住。俄主任决定往回走，否则路上再遇塌方，会很危险。

我要求下车拍几张照片，俄主任犹豫了一下还是答应了。耽搁了一会儿，我们往回开，刚走了500米，前方突然塌方，巨大的山石伴着震耳欲聋的轰鸣声在车头的前方呼啸而过，司机一个急刹车，我们被困在泥石流与塌方之间，进退两难。

214

⊙214 罗叶妹，34岁，黑水县扎窝乡克别村人。全家4口人，2000年接受“幸福工程”扶贫款1000元，以入股方式投入承包商，6亩地种植豌豆尖。她每天可得到10元工钱，承包商每年一亩地给300公斤小麦。丈夫在车间做包装加工，每天也有10元的收入。

没想到，俄主任一下抱住我的肩膀，“太感谢了！太感谢了！如果不是因为你拍照片耽搁那几分钟，我们大家就都埋在下面了。”

司机小心翼翼地将汽车退到安全点的地方，我们下了车，冒雨向塌方的地方走去，一会儿浑身便被雨水淋透了。道路中央陡然隆起了一个山包。

几个人商量了一阵，朝泥石流那边走显然不行，相比较，眼前塌方的石头还好对付一点，我们决定搬开路上的石头。

司机找当地人借来了铁钎，大家赶紧忙活起来，先把大石头分解成小石块，再将它们移开。

天色渐渐的黑下来，视线越来越差，远处隐约传来塌方的滚石

215

声，听了让人心中骇然。

忙活了将近两个小时，总算清理出一条路，能够让汽车勉强开过去。

俄主任指示司机，蹭过这段危险的路，在保证安全的前提下，能开多快就开多快，因为塌方随时都有可能再发生。

很晚的时候，我们疲惫不堪地回到黑水县，依然惊魂未定。那天，我喝了很多酒，想把刚刚经历的忘掉，那真是和死亡擦肩而过。后来，我在梦里，不只一次梦见巨大的石块朝我扑面滚来，被吓醒。

第二天，省计生协办公室主任付康与我商量，说去茂县的路多处塌方，这次是不是就不去了。

我不忍半途而废，说来一次不容易，提议再试一试。

但茂县的电话怎么也挂不通，只好作罢。

方从蓉的幸福工程

见到方从蓉是在她家的养猪场，猪场有700平方米，像模像样。如果她不说，你很难想象，她曾经那样贫困。

1975年，方从蓉出生在一个条件较好的坝区农村家庭，22岁的时候，不顾父母的反对，嫁给了在她家附近打工的山区小伙子叶俊。

叶俊的家在交通不便、经济落后的茶店镇照壁村，嫁过来后，全家四口人住在石棉瓦搭建的破房子里，主要的经济来源就是几十

216

217

株桃树。由于品种老化，土质贫瘠，长出的桃子个小、产量低，卖不上好价钱。

公公患过敏性哮喘，长年需要服药，每个月的药费就要好几十块钱，相当全家一个月的生活费。

为了多挣点钱，方从蓉和丈夫借来一辆三轮货车，替别人跑长途运输。

山区路难走，车又太破，遇到下雨简直就没法开。

有一天晚上，夫妇俩在途中目睹了一起惨烈的车祸，一辆和他们一样的三轮货车与大货车相撞，三死一伤，方从蓉吓得抱着丈夫发抖。

那以后，他们不敢再开着破车跑长途了。

“全家人要吃饭，我们只好上山挖草药。”

两人背着背篓翻山越岭，身上常常摔得青一块紫一块。

方从蓉的妈妈来看过女儿，见到她这般情景，搂着她大哭。

哭归哭，疼归疼，生活还要继续。方从蓉和丈夫到餐厅打过工，替水果商收购过水果，只要是能合法挣钱的活儿都干，但收入仅仅能填饱肚子。

随着女儿的降生，家里的开支增大，渐渐背上了1万多块钱的债务。

“那时我最怕两件事。”方从蓉说。

第一是回娘家。一天她听说母亲生病了，翻箱倒柜才找到了5块钱，连回家的车费都不够。方从蓉带着5块钱，步行了十几里山路，然后再坐车，空着两手回到娘家。

⊙215 南塔，38岁，黑水县扎窝乡京别村人。全家4口人，1999年接受“幸福工程”无息贷款2000元发展养羊，现已存栏20多只。

⊙216 方从蓉新建的养猪场。

⊙217 方从蓉抱着小猪兴奋不已。

她怕的第二件事是上街。方从蓉带孩子去集市，身上没有多余的钱给孩子买零食，为了哄孩子，就在口袋里放了些炒蚕豆，孩子哭闹时就往孩子嘴里塞上一颗。

“我也想给孩子买糖，可买不起。”

孩子大些的时候，蚕豆已经起不了作用，看着别人家的孩子吃零食，自己的孩子哭着闹着要，方从蓉只能含泪硬将孩子拉开。

日子艰难，拌嘴就成了家常便饭，公婆常因琐事争吵，丈夫整天愁眉苦脸，方从蓉搂着营养不良的女儿，想到了出走。

“是镇计生协的李大姐挽救了我这个差点破裂的家。”

一天，孩子又生病了，家里没有钱看病，女儿不停地哭，公公摔酒瓶抱怨，说了些不应该说的话，方从蓉一气之下背着女儿就走。

镇计生协的李克桂听说后，急忙去找，在途中拦下了她。李克桂为方从蓉擦去脸上的泪，接过孩子哄着。李克桂说：“山区的男人成家不容易，叶俊人又不错，有什么困难计生协会帮助你，相信通过努力一切会好的。”

李克桂拿出自己的钱让方从蓉带孩子到卫生院去看病。方从蓉被李克桂的真情打动了，她跟着李克桂回到了家，焦急等待的丈夫和她抱头痛哭。

“让我终生难忘的是‘幸福工程’的帮扶款，就像及时雨帮我家脱了贫。”

1999年初，镇计生协告诉方从蓉，已将她列为“幸福工程”的救助对象。她也将自己想发展养殖业的想法说给了镇计生协会，镇计生协从“幸福工程”专项资金中借给她1400元，帮助她解决了起步资金。

“当时对我来说，就像做梦一样，真是太高兴了！”

方从蓉与丈夫商量，用800块钱买回了100只小兔崽，400块钱购买了饲料和防疫药品，余下的资金整修了兔圈，开始了养兔的创业。

由于经验不足，兔子开始生病，一只只死去。计生协的工作人员得知消息，带着技术人员赶来为兔子进行治疗，使情况得到好转。

不到三个月的时间，方从蓉家人均增收300元。附近的乡亲看她家养兔效益明显，纷纷效仿。她也把自己摸索出的经验和乡亲们分享。

这以后，方从蓉又养起了波尔山羊和优质杂交母猪。2001年，她家人均纯收入已达到了3000元，不仅及时归还了“幸福工程”帮扶款，还清了外债，还盖上了新房。公公的病也得到了较好的治

218

⊙218 胥勋珍，35岁，龙泉驿区西河镇卫星村人，独女户。2007年租5亩稻田养殖龙虾，因没有资金购买虾苗，来钓龙虾的顾客很少。2008年龙泉驿区计生协帮扶幸福工程项目款5000元发展养殖龙虾，生意开始好转，年收入7000元。

疗，婆婆再也不和他吵了，丈夫的脸上也有了笑容。

她家还搞起了立体农业，种上了良种蜜桃和大五星枇杷，地边地角套种上黄花，用兔粪给果树施肥，结出的果子又大又甜，在市场上很受欢迎。家里购买了一辆二轮摩托车，方从蓉负责养殖，丈夫负责跑运输，家里的经济状况有了明显的改善。

细心的方从蓉发现，她家的位置刚好在石经寺和龙泉湖两个景点的交通要道旁，加上她家小有名气的无公害水果和养殖家禽做后盾，她想开办个农家乐。

公婆开始不同意，说："你把果树经营好了就行了，这两年家里刚刚好起来，开农家乐亏了咋办？"

方从蓉不死心，找到了镇计生协，又一次得到了"幸福工程"2000元的帮扶资金，计生协还派人到家说服公婆。

农家乐顺利开业，生意做得很红火，还解决了三位贫困母亲的就业。

"那阵子我心里特别高兴，打心眼里感激'幸福工程'。"

经过9年的努力，方从蓉家发生了翻天覆地的变化，三轮摩托车换成了大货车。

方从蓉开始琢磨，自家富了，怎样让其他的贫困母亲们也脱贫致富呢？经过市场调研，她决定办养猪场。

方从蓉心目中的养猪场不是一般的家庭式猪舍，规模大不说，进出养猪场都要经过消毒设施，而且还有沼气池。她把家里所有的积蓄都用在了养猪场的基础建设上，还借了5万块钱。

猪场初具规模，但沼气池和购买种猪及饲料的资金没了着落。她又一次来到了镇计生协。这次需要的资金数目较大，镇计生协找到了龙泉驿区计生协。廖芳秀主任听了方从蓉的规划后，到她的养猪场去考察，和她签了协议，并商定吸纳3到5位贫困母亲到养猪场帮工。

“廖主任还跟我签了‘四个统一’，统一猪种、统一饲料、统一防疫、统一销售。我这个猪场是个总站，由猪场繁殖出来的小猪要无偿地提供给其他的贫困母亲饲养，饲料也是我这提供，养大之后再统一销售，这样就不仅仅是带动几位贫困母亲发展生产了。”

8月份，养猪场开始启动，方从蓉拿着区里扶持的10万块钱“幸福工程”项目款，购买了20头种猪和饲料，11月份就有了23头小猪。

在陕西

2001年7月

石碾子

陕北的窑洞是很有名的，窑洞前的院落是生活中的重要场所。活儿在院子里干，饭在院子里吃，老人在院子里休息，孩子在院子里玩耍，串门聊天也大多在院子里进行。

延安宝塔区薛小霞家的院落里，有一个很大的石碾子，据说已有几十年历史了，周围十几户人家共用。

我见到她时，她正在推磨碾玉米，不时用扫帚把散开的玉米扫回碾子下。

一旁大的女孩照看着小一点的妹妹，见到我这个陌生人，女孩吓得哭起来。薛小霞抱过孩子，把她放在推磨的棍子上，看了我们一眼，说了声“来啦”，继续推磨。

薛小霞家有7亩山耕地，2000年收了300公斤玉米、600公斤洋芋。她用玉米换回了100公斤白面，全家吃了3个多月就没了。丈夫到延安打零工，一年下来能挣2000元钱，除去交税和买粮，能剩下三四百元。

村里减免了她大女儿每学期50元的学杂费，书本费还需自己交钱。

她告诉我，家里还有30棵苹果树，是1989年栽的，品种不太好，加上头年干旱，没卖上几个钱。说完又一圈一圈推磨，那磨道仿佛走不完。

⊙219 薛小霞带着孩子推磨。
⊙220 宝塔区万花乡花园头村。

219

220

下了雨才能洗头

7月6日，我们到焦家哇村采访。那天，对卫小爱的女儿来说是个好日子，不是因为我们去，而是因为早上下了一点雨，妈妈用水桶接了些雨水，她可以洗一次头了。

221

⊙221 卫小爱，32岁，长武县枣元乡焦家咥村人。全家4口人，8亩山坡地的收成只够维持全家七、八个月的口粮。丈夫外出打工挣钱用于缴付两个孩子的学费。

在当地，水贵如油，只有下雨的时候，女孩才能洗头，妈妈也才会给她梳一回头。

卫小爱家的镜子缺了几个角，镜面模糊，是她丈夫外出打工时，从城市的垃圾堆里拣回来的。女孩洗过头，在镜中看着自己，左照右照。

家里来了客人，女孩很兴奋，她爬到树上给我们摘杏，双手捧到我们跟前，果子还没熟，我们吃到嘴里，有一种别样清甜。

放学后去逮蝎子

35岁的姚菊娥住的王家沟村地处高寒山区，严重缺水。我们去的那年，9亩山坡地只收了500公斤的粮食，除去七七八八的费用，剩下100多公斤粮食，仅够全家维持两个月的生计。孩子的父亲外出打工，一年能挣1200元。夫妇俩有两个儿子，一个15岁，一个9岁，正是长身体的时候。尽管日子艰难，姚菊娥坚持让孩子上学，因为她从没有进过学校，希望孩子长大后，不会像她这样受穷。

大孩子很懂事，知道家里没有钱，每天放学后和弟弟去逮蝎子卖，一年竟能有600多元的回报，为家里多少减轻了一些负担。

222

⊙222 姚菊娥，35岁，长武县巨家镇王家沟村人。全年收成的粮食不够一家4口人半年的口粮。每天做好的饭先给丈夫和孩子吃，姚菊娥吃锅里的剩饭。

饼干和电视机

旬邑县后掌乡后义阳村的张亚丽一家，住在一孔破窑里。我们到她家时，她4岁的儿子见邻居家的孩子吃饼干，也想要，被父亲狠狠揍了一顿，正躲在墙角哭。

张亚丽把孩子拉到我们面前，扒下裤子，孩子的屁股上有五个红手印。

张亚丽患有先天性大骨节病，身高不足1米，虽说没有完全丧失劳动能力，能做的事情很有限，全家的生活就靠丈夫在村砖厂打零工挣点钱。这点收入当然不够，常常上顿不接下顿，只好到隔壁的老人家里去借。

我们离开时，咸阳市计生协丁玉芹秘书长往张亚丽手里塞了几十元钱，乡里的一位女干部给孩子买了一兜饼干。

同村的潘惠萍有两个女儿，大女儿文美娟10岁，患有风湿性心脏病。为了给孩子治病，夫妇俩已是债台高筑，欠债超过15000元。

我们进到她家窑洞时，美娟正伏在窗台上写作业，潘惠萍拿药给我们看，说是昨天向邻居借了10元钱，从村里的土大夫那儿买的。丁秘书长懂一些医药知识，她告诉潘惠萍：“这药不治心脏病。”

“啥？”

“骗人哩，这药不对。”

潘惠萍用袖管抹眼泪，一边哭一边说，孩子做手术需要两万元钱，把整个家卖了也不够手术费。

丁秘书长也哭了，她拿出200元钱放在土炕上，嘱咐给孩子买药要到乡里的卫生所或计划生育服务站去。潘惠萍哭得更厉害了。

她的女儿无法上学，因为村里人都认为她的病传染，即使到了学校，老师也让她一个人单独坐着，同学们谁也不同她说话。女儿只能独自一人呆在家中，等着妹妹放学回来，将白天学到的功课讲给她听。

潘惠萍觉得女儿太可怜，咬牙借钱，为女儿买了台电视机。

223

想飞起来的云鸽

咸阳永寿县的郭村乡地带狭长，全乡长22公里，宽1公里，三面环沟，俗称“窄梁”。全乡土质贫瘠，严重缺水，只有1个抽水站，两口水井。大部分农民需要依赖水窖饮用、灌溉，全乡患大骨节病的病人占人口总数的30%。

乡里惟一的水站每天只能放水一个小时，每到这个时候，四邻八乡的女人们便拉着小排子车纷纷涌来，在水站外排起长龙。

7月，是收获的季节，新粮刚刚下来，但是在一个贫困家庭中，也就是守着一碗辣椒面，啃干馍。父亲只许一个孩子吃一个馍，孩子想多吃一个，做父亲的会挥起巴掌，粗哑的骂声和孩子的哭声，听起来格外刺耳。

潘云鸽的命运并不像她的名字那么美，2001年，我和丁玉芹秘书长见到她时，她正顶着烈日在麦场上翻草，头上敷着一块破毛巾，脸已经晒暴了皮。

1993年，她的前夫因心脏病去世，潘云鸽招赘了比她大4岁的常书平。夫妇俩继续照顾着前夫年老多病的父母，欠了不少债。

她家有3亩多苹果园和2亩多耕地，不够维持一家老小的生活。

⊙223 张亚丽看孩子的伤口。

⊙224 女人们每天拉着车到水站排队买水。

⊙225 35岁的张彩霞用旧报纸为孩子包书皮。孩子100元的学费无力支付。

⊙226 潘惠萍把药一勺勺喂进女儿的嘴里。

⊙227 焦爱侠，29岁，长武县枣园乡寨子村人。全家3口人，4亩地收成16袋小麦。今年种的半亩西瓜，因干旱收成无望。

224

225

226

227

夫妇俩开始承包外村的土地，收割的时候，10亩地的小麦，两人干了整整六个日夜。

潘云鸽很想搞养殖业，可是没有启动资金。她盼望有一天，“幸福工程”能帮扶她一下，自己再努把力，让一家人过上好日子。

只要能给她们一点帮助

228

229

⊙228 张翠霞，37岁，永寿县渠子乡八寨村人。全家4口人，1997年得到幸福工程帮扶款2000元，买了一头母牛。现存栏4头并已搬出烂土窑住进了新砖瓦房。

⊙229 “幸福工程养羊户”张小英。

八寨村张小英家的院门正中挂着一个木牌——“幸福工程养羊户”。

读过初中的张小英，1992年嫁到八寨村，男方家人口多，13口人住在3孔窑洞里。9亩地打的粮食不够吃，常常有上顿没下顿。

1997年，“幸福工程”帮扶给她1500元，张小英当天便牵回4只母羊。她每天早起的第一件事就是给羊打草，年底产下7只羊羔。1999年，她用卖羊的钱又买了一头母牛，就这样一点点扩充，她家已有存栏的羊38只，牛4头，价值2万多元。

咸阳市计生委主任费洪贻向我介绍情况时就说，在咸阳一些偏僻的乡村，那些母亲非常勤劳，只要能给她们一点帮助，用不了几年，生活就能起变化。

在内蒙古

2001年8月／2004年5月

巴林右旗之行

8月的内蒙古，蓝天如洗，白云飘荡，平缓的草原上，碧草连天，牛羊成群，是一年中最好的季节。

巴林右旗位于内蒙古自治区东部大兴安岭南麓的丘陵地带，全旗草场总面积1025平方公里，辖14个苏木、两个乡、三个镇，是一个以畜牧业为主的旗，属国家级贫困县。

全旗总人口17.3万，2000年人均收入1570元。人均收入不足500元、人均粮食不足400公斤的贫困户有6200户，贫困人口2.4万人。育龄妇女发病率为46.5%。

2000年，巴林右旗计生协与北京市计生协建立了对口援助，在巴林右旗启动了“幸福工程”，投入资金11万元，首批救助了47位贫困母亲。

项目点确定在巴彦琥硕镇巴彦和硕村和四家村，羊场乡上石村和尔根勿苏村。受救助的47位贫困母亲中，养绒山羊34户，大棚蔬菜种植5户，育肥羊6户，养猪2户，项目周期为两年，滚动使用，合同管理，两年到期后收回全部资金并投放给其他贫困母亲。

位于大板镇东南40公里处的羊场乡，基本上是靠天吃饭，经济相当落后，年人均收入600元。全乡共有723户贫困户。北京市计生

⊙230 内蒙古大草原。

230

协为上石村和尔根勿苏村的20位贫困母亲投入资金4万元，每户救助2000元，发展种植业和养殖业。

上石村36岁的单素芝，在她家的院子里一边给我们洗着自家种的黄瓜，一边介绍她用“幸福工程”扶持的钱发展育肥羊的事，她一年能有两季产出，春天时把养大的绵羊卖掉，买回山羊饲养，到了秋天再把山羊卖掉。绵羊一只能赚100元，山羊每只可以挣到50元至200元。她的愿望是争取养到50只，那时候她一年就可以挣到8000多元了。

和我们告别时，单素芝拉着我的手叮嘱：“麻烦你到了北京，替我谢谢北京‘幸福工程’的好人们，让他们有机会一定到大草原来，我给他们杀羊吃。”

幸福井

喀喇沁旗西部有个大牛群乡，乡里有个贫困村叫大牛群村，“八大股”是全村最差的地方，出门见山，36岁的李素芝一家就住在这里。

⊙231 放羊归来的单素芝。

231

1983年，初中文化的李素芝19岁，经人介绍嫁到了“八大股”，丈夫叫范国增。婚后，公公、婆婆、小叔、小姑和他们挤在三间破旧的石板房里，一住就是7年。7年间，她生育了两个孩子，起早贪黑，在家中的10亩地里辛勤劳作，一年下来，打的粮食刚够全家人填饱肚子。

几年中，周围相继有十几户人家搬走了。李素芝夫妇与父母商量后，1990年一家4口搬到了扎鲁特旗黄花山镇。当时，他们没房住，钱难挣，欠了许多债，小儿子10多岁了还上不了学，1997年，又搬回了“八大股”。

回来后，一切依旧，就这样又过了两年。

1999年春天，李素芝和丈夫费了好大劲，盖起了四间门房，欠下7000多元。

这时，恰逢旗计生协“幸福工程”项目启动，大牛群乡计生协争取到部分资金，首批扶持了李素芝等户，为她提供了项目款1000元，从外地联系了牛角椒育种项目，又赊给她两亩地的种籽，并培训她育苗和管理。

李素芝和丈夫辛勤劳作，精心管理，牛角椒长势喜人。秋天，乡计生协帮他们找到了买家，牛角椒收入了4000元。加上他们栽植的5亩地烤烟，收入了5000元，全年收入9000元。李素芝及时偿还了项目款和7000元外债，还安装了自来水和有线电视。

2000年初夏，当地大旱，眼瞅着绿油油的辣椒叶子一天天枯黄，急坏了李素芝。乡计生协为她借来2000元“幸福工程”款，还提供了柴油机和抽水机械。夫妇俩奋战十余天，在自家的地头打了一眼大口井，不但把自家的地浇了，还无偿把相邻的地也浇了，解了燃眉的旱情。

这以后，李素芝逢人便说，是“幸福工程”救了她。

暖棚

来到水泉村付莲琴家的蔬菜暖棚时，天已傍晚。

1999年，村里帮助村民建蔬菜暖棚，每建一座，村里出5000元的钢筋，到年底偿还5300元的周转金。付莲琴想建两座暖棚，丈夫担心到年底还不上1万多元钱。

“咱们干，不怕。”付莲琴很有信心。

她忙前忙后地操持，建起的暖棚有一亩地那么大，钢筋还差一些，付莲琴急坏了。她找到“幸福工程”，申请到了2000元，把暖

232

233

234

⊙232 付莲琴全家推着一车的蔬菜走向市场。
⊙233 收获在望，李素芝脸上绽满了笑容。
⊙234 丰收的喜悦。

棚建了起来。

籽种问题又来了。

“我还能再贷点款吗？”付莲琴又去找“幸福工程”。

“多少？”计生协的人问。

“买籽种，有1500元就够了。”

付莲琴用“幸福工程”再次提供的款，购买了黄瓜、辣椒的籽种，暖棚蔬菜开始运作了。

我们采访她时，见到的是一个正在享受丰收喜悦的付莲琴。她刚刚卖完黄瓜，一棚黄瓜有1万多元的收益。

235

236

237

⊙235 家里再穷，想法子也要让孩子们上学。36岁的闫国华说。

⊙236 朝鲁门的家。

⊙237 朝鲁门和女儿在草原上捡拾牛粪。

“现在正忙着摘辣椒呢，一棚辣椒能挣6000多元。”付莲琴掩饰不住自己的喜悦。不到半年，她家就挣到16000元，这是过去想都不敢想的。

天灾

达来诺日镇位于克什克腾旗西北部的贡格尔草原，牧民收入主要靠畜牧业。1065家牧户中，贫困户有345户，特困户有98户。

238

⊙238 曹金英，31岁，巴林右旗巴彦琥硕镇白音和硕村人。全家3口人，她用幸福工程帮扶的2000元加上自筹资金买了15只绒山羊，转年6月份卖羊绒收入达1900多元。

1998年和1999年连续两年的旱灾，镇里350户农牧民家庭因灾受困，无法购到充足的粮食。1999年冬季雪灾后，2000年又是特大旱灾，草场干枯，贮草少打了1100万公斤。2000年11月中旬以后，连降9次大雪，12月31日至2001年1月2日，接着是沙尘暴，属历史罕见。全镇10个嘎查（相当于汉族地区的村）冻死牛2430头，羊1923只。牧民在连年灾害中，生产、生活更加困难。

朝鲁门家有两头乳牛和200亩的草场，在当地，一般的牧户都有两三千亩草场，她家的草场算很小的。6年前，朝鲁门的丈夫因患十二指肠溃疡，把家里仅有的30只羊全都卖了，2001年时欠了2000多元的债。

朝鲁门有初中文化，对两个孩子上学很重视，孩子读初中要到镇中学上，走路要3个多小时。她在镇上花70元月租，租了间小土坯房，让两个孩子带上干粮和咸菜住在那里。丈夫和她一年四季帮别人放牧，维持孩子们上学。

2004年，我又见到朝鲁门时，她家已经不住蒙古包了。她得到“幸福工程”的帮扶，生活好了一些。但17岁的大儿子却辍学到外面打工去了，一个月能挣300元钱，他放弃学业是为了让妹妹能够继续读书。

朝鲁门的女儿乌云娜患有白内障，病情越来越严重。我们在镇中学见到她，说起哥哥为她上学去打工，就哭个不停。

在广西

2005年1月

239

240

241

242

⊙239 从龙胜前往伟江乡的山路。
⊙240 汽车轮胎加上防滑链。
⊙241 村干部在前引路。
⊙242 田林县六隆镇六隆村能地屯。

打蕨粑

广西龙胜县[注]伟江乡甘甲村流传这样一句话：青山绿水风光好，只见大哥不见嫂。

当地的风光好自不必说，“只见大哥不见嫂”则是贫困的结果。

因为穷，村里的姑娘都想外嫁，外村的姑娘却不愿来。

73岁的戴子凤有三个儿子，只有老二结了婚。老大41岁，老三32岁，都还单身。在戴子凤所在的大寨组，60户人家，41个光棍。

戴子凤的二儿子婚后生了一儿一女，全家8口人只有2亩地，一年收成的稻谷900公斤，差着九个月的口粮。

为了糊口，全家人打零工、挖药材、扯水草、打蕨粑。

蕨粑是用蕨菜根做的，蕨菜长在深山高海拔的地方，每年10月

注：龙胜古称桑江，位于广西壮族自治区东北端越城岭腹地，辖7乡3镇，119个行政村。境内居住着苗、瑶、侗、壮等民族约17万人，少数民族人口占76.7%。全县山高水陡，交通不便，生产生活条件极差，是一个“九山半水半分田”的国家级贫困县。

243

⊙243 戴子凤和儿子打蕨粑。
⊙244 罗粉妹和儿子在回家的路上。

到12月是挖掘的好时候。山区的蕨菜是重要植被，且挖蕨菜要蕨菜根，得刨开1米多深，加上山地坡陡，当地多雨，水土流失更为严重。政府曾下令限制采挖，收效不大。

蕨菜挖出来，用木锤子捣碎，加水搅拌，然后用棕树皮过滤，去掉水分，然后把橙黄色的糊糊挤成团晒干，就是所谓的“生粉”了。这种粉在2005年的售价是每斤4.5元。把生粉蒸熟，加糖，火烤，就是“蕨粑粉”了。这样粗加工之后，也贵不了多少。

戴子凤一家靠着打蕨粑，一年能收入2000元。

一个月中死了两家的父亲

26岁的罗粉妹是田林县平塘乡同祥村的媳妇。

1998年结婚时，男方给了她2000元钱，叫她去买些衣服，买个缝纫机。

结婚第一年，先是公公过世，同一个月，父亲也走了。两家凑了1500元钱买了一头牛，一家分一半，把两个丧事办了。

现在罗粉妹一家4口，她、丈夫、儿子、婆婆，有4亩山地，年

244

245

产1250公斤苞谷，将将够吃。

她希望能养上几十只羊，能供孩子读书，再把男人祖上留下的木架房修修。

姐妹俩得了银屑病

石凤莲有一个同母异父的姐姐。1984年，母亲生下姐姐4个月，便和前夫离了婚，因为姐姐有银屑病。

姐姐的爸后来做了别村的上门女婿，姐姐就一直由她的爷爷奶奶照料。

246

247

248

石凤莲也有银屑病，比姐姐幸运，她的父亲没有为此和母亲离婚，但母亲受不了连生下两个有病的孩子，喝农药自杀了。

1999年，石凤莲的父亲外出打工去了，一年能带回200多块钱。她平日就和奶奶一起过。奶奶靠养猪养鸡、政府救济、加上借债养活她。

石凤莲和姐姐一样，都没读过书。她问过奶奶，为什么不让她上学，不上学连自己的名字都不认识。

奶奶说没钱送她上学。

她不信，自己悄悄去了趟学校。

“你这样的哪能上学啊。”

人家指她的银屑病。

⊙245 罗粉妹的愿望是能够养几只羊。她说，靠自己的能力可养60只，有了钱可以还债、供娃娃读书，再盖一间砖瓦房。

⊙246 罗粉妹在地里干活。

⊙247 黄秀月，39岁，龙胜县伟江乡甘甲村人。全家4口人，1.5亩水田年收成稻谷650公斤，不够全家人的口粮，丈夫在本地打零工，好的时候一天能有20块钱收入，黄秀月扯水草收入100块钱。前几年丈夫贷款4000多元搞果园，因技术不过关加上没资金买肥料，以失败告终，所欠近万元的外债至今没有还清。

⊙248 12岁的石凤莲。

她回到家，大哭了一场，更愿意相信奶奶的话，自己是因为没钱才不能念书的。

她的病越来越重，走路都有些困难了。曾经有医生来给她免费看过，治疗了一段时间，病情一度有了好转，但因为没有钱继续买药，病又复发了。现在生活已经不能自理。

有一次奶奶问她，要是奶奶死了你怎么办？

“我跟奶奶一起去。”说这话时，她还是个十几岁的少女。

养鱼

“幸福工程帮我家走上了脱贫致富的道路，感谢幸福工程对我们贫困母亲的关怀。”这是潘赵英在我到她家采访时说的话。

潘赵英，广西龙胜县泗水乡细门村一位普通的瑶族妇女，36岁，全家4口人，2004年以前，人均收入不到600元，年年都是入不敷出，是当地有名的困难户。

然而，潘赵英是一名敢于向贫困挑战的农家妇女。她把自己想做杂货小生意的想法告诉了丈夫。

249

⊙249 潘赵英的鱼塘又要丰收了。

丈夫摇头说："我们一没钱，二缺劳力，拿什么去收购别人的山货？哪有空闲到县城去卖？"

是啊，丈夫的想法不是一点道理都没有。但她认准了的事，说什么也要去闯一闯。

她跟丈夫合计："山上的农活，咱俩一起干，进城卖货的事我来做，至于没有资金收购货物，可以先赊购后付款。"

就这样，在那个小山村里，每当袅袅炊烟升起的时候，人们就会看到一个瘦小的农家妇女在寨子里来回穿梭，第二天又肩挑背驮进城贩卖。两年下来，家庭经济还是捉襟见肘，贫困而酸楚的泪水依然挥之不去。

2004年，县计生协会"幸福工程——救助贫困母亲"项目办的工作人员到细门村了解贫困母亲情况，得知这个信息后，潘赵英申请了救助帮扶款2000元，加上亲戚朋友的借款，总共6000元，修建了占地一亩的两个鱼塘，买了1000尾鱼苗，同时，还种植了20亩西红柿。第一年养鱼就收回了成本，西红柿收入达10000元。有了经济收入，潘赵英不仅还清了贷款，还有了一定的积蓄。

到2009年，潘赵英家人均年纯收入达到了2000多元，走上了养鱼、种植蔬菜的致富路。

农家乐

周本姣是龙胜镇都坪村村民，以前她家的生活仅仅是靠种粮，承包的2亩责任田，一年下来仅能糊口，年人均收入600元。

2004年3月，县计生协会开展"幸福工程"项目，周本姣对项目办的工作人员说："我是个农村妇女，只能跟丈夫干些农活。我上过学，有点文化，想靠自己的能力种植罗汉果和开农家乐，改变家里的生活。可我们没有启动资金，这个愿望一直是个梦。"

她得到了幸福工程帮扶款2000元，买了罗汉果种苗。4月初种下了1亩罗汉果，同时，周本姣也筹了一些钱，买回了餐具等设备，自己做豆腐，开起了农家乐。板坪村离县城不远，每逢周末，城里的人纷纷到她家吃农家乐。有了收入，孩子上学的费用不再发愁，还偿还了部分借款。

秋天到了，罗汉果为她家带来了5000多元的进项，那年，农家乐和罗汉果共收入8000元。

"我今天富了，是幸福工程圆了我的致富梦！"

周本姣说的是真心话。

250

251

⊙250 周本姣开的农家乐生意红火。

⊙251 邓春妹，39岁，田林县六隆镇六隆村人。2004年接受幸福工程帮扶款1600元，并参加了幸福工程科学种植八渡笋的免费培训，第二年种植20亩八渡笋收益2000元。

在新疆生产建设兵团

2005年7月/2005年12月/2007年1月/2008年7月

252

⊙252 在戈壁荒漠上徒步行进的女兵们。

“你们现在可以把战斗的武器保存起来，拿起生产建设的武器。当祖国有事需要召唤你们的时候，我将命令你们重新拿起战斗的武器，捍卫祖国。”

这是1954年中央人民政府革命军事委员会主席毛泽东发布的命令。

这也是新中国屯垦戍边事业的宣言书。

2005年7月18日，我第一次踏上新疆生产建设兵团这块土地。

兵团计生委主任刘戈玉、协会秘书长吴少华热情地将我带到石河子市“兵团军垦博物馆”去感受兵团的历史。

马秀花

马秀花是农一师4团[注]的职工，原籍在甘肃，当初他们全家到新疆是投奔她的姐姐。在甘肃老家，她家全年的收入只有500元，难以度日。1999年，姐姐从新疆兵团带信说，生活比家乡要好。

2000年，马秀花全家冒着大雪来到新疆。

新疆的冬季是农闲，基本找不到事情做，一家人只能和姐姐家住在一起。12个人，两间土房，凑合着挤了一个月。

注：四团位于天山南麓、阿克苏西北方向，乌什谷地。土地面积为349平方公里，耕地面积11.2万亩，草场面积6.77万亩，距师部阿克苏105公里，四团为多灾区，有100多公里的边境线，属于国家级边境贫困团场。全团总人口7103人，其中汉族5855人，少数民族1248人，贫困人口476户。

253

254

256

257

255

258

⊙253 阿米古艾沙克，34岁，农三师51团19连职工。全家3口人，家有4亩棉花地，2006年收入1000元，丈夫农闲时挖甘草、她帮别人做缝纫活儿挣钱贴补家用。欠外债1000多元。

2007年，阿米古艾沙克得到社会爱心人士“一对一”幸福工程的帮扶。

⊙254 徐家福，43岁，农一师四团十三连职工。大儿子在武汉上大学、二儿子读高中，一年费用近2万元。她赊账购买一头母牛、10只羊喂养，目的是为了孩子读书。2005年7月承包的48亩棉花遭遇冰雹袭击，损失惨重。现欠外债9000元。

2006年，徐家福得到社会爱心人士“一对一”幸福工程的帮扶。

⊙255 阿希木姑牙生，34岁，农三师50团夏河营12连人。全家5口人，团里全部减免两个孩子的学习费用。承包36亩棉花地，2006年持平没有收入，原因是出苗时丈夫得病住院做手术，错过时机没挣上钱。她带着两个娃娃挖甘草、打柴、帮人拾棉花，收入600元，外债4500元，家无牲畜。

2007年，阿希木姑牙生得到社会爱心人士“一对一”幸福工程的帮扶。

⊙256 古丽赛丽汗买明，34岁，农三师51团16连职工。全家4口人，14岁的大儿子读初二，享受两免一补政策。家有14亩沙地，2006年因拿不出钱来买种子化肥，暂时让给别人，全家靠帮工、拾棉花和挖甘草挣钱生活。她患妇科病，3年看病共花了1万多元，欠外债8000元。

2007年，古丽赛丽汗买明得到社会爱心人士“一对一”幸福工程的帮扶。

⊙257 帕提木依明，38岁，农三师50团夏河营13连职工。全家4口人，团里全免两个孩子的学习费用。家有9亩地，2006年收成小麦900公斤，她和丈夫还承包27亩棉花地，因一半是沙地又缺水，2006年收入1500元。2004年她因胃切除和胆囊切除手术欠下1.2万元的外债，家无牲畜。

⊙258 帕提古吾布力，35岁，农三师51团16连人。全家6口人，两位老人和其一起生活。家有10亩地种植棉花，2006年收入2000元，丈夫农闲时挖甘草、帮别人浇水挣钱贴补家用。欠外债1500元。

259

260

261

262

263

267

268

269

264

265

266

⊙259 得怒尔，40岁，农九师166团牧二连，独生子女户。2007年接受中央国家机关帮扶幸福工程项目款6000元，购买15只生产母羊，2008年1月便产下15只羊娃子，年收入5000元。

⊙260 李芬荣，40岁，农六师101团二连。全家5口人，2005年兵团计生协帮扶其幸福工程项目款3000元发展种植业，2007年毛收入2.2万元。

⊙261 陆新红，37岁，农九师166团一连。全家4口人，2007年接受中央国家机关帮扶幸福工程项目款6000元，购买10只生产母羊，转年发展到20只，卖掉5只公羊收入3000元，2008年追加帮扶款4000元，购买了120多只鸡鸭鹅等。

⊙262 2007年12月，如先姑阿不都接受社会爱心人士一对一网上捐助幸福工程帮扶款3000元购买5只麦盖提生产母羊，转年7月已发展到10只。

⊙263 吐热尼沙依提，35岁，农十四师皮山农场7连。独女户，10岁的女儿学杂费全免。2006年接受幸福工程帮扶款4000元，购买3头母牛，转年产下2头下牛犊。

⊙264 高秋英，47岁，农二师33团九连，独女户。2006年得到兵团计生协幸福工程项目款5960元购买2头牛6只羊，到2006年初卖掉4头牛收入1万元，还清帮扶款后其它全部投入到果园，现存栏大小15只羊。

⊙265 张彩萍，46岁，农六师101团二连，独女户。2003年得到兵团计生协幸福工程项目款5000元发展养猪，到2006年已存栏8头母猪、30头育肥猪和1头种猪，期间卖猪纯收入2万元，已还回帮扶款。

⊙266 陈桂芳，41岁，农一师4团九连，全家4口人，2006年用幸福工程帮扶款1.5万元承包82亩土地，42亩板椒收入3万元40亩制种玉米收入1.3万元，还清了债务。

⊙267 87团受助母亲们的感谢信。

⊙268 2007年12月，帕提木依明接受社会爱心人士“一对一”网上捐助幸福工程帮扶款3000元购买1头生产母牛，2008年2月产下1头牛娃子，从3月中旬到7月中旬卖奶子收入近1000元。

⊙269 尼斯木汗，42岁，农五师87团3连人。2006年接受幸福工程帮扶款1万元，投入到承包的90亩制种玉米地里，收入2.4万元，团里实行税费改革又退回统筹费4365元，还外债1.9万元，买10只羊，现已发展到20只。

270

271

272

后来，马秀花找到了一处危房，没有取暖设施，但总算不用和姐姐家挤在一起了。

新疆的冬天很冷，马秀花得了关节炎，双腿一到冬天就疼。

连里先后给了一些米面，肚子半饥半饱，倒还不至于饿着。十几岁的儿子，却总是不够吃。

开春后，丈夫给人去打工，她也做些零活，每月有了些收入。

一天，儿子拿了100元钱给她，她问钱是哪来的。

“我和妹妹去挖地老虎（一种夜蛾的幼虫，形似蚕，灰褐色，

⊙270 马秀花和大女儿收工回家。

⊙271 大女儿说：“住院治病是没希望了，爸妈已经为我尽力了，活过一天算一天吧，谁让我家没钱呢！”

⊙272 大女儿给家人洗衣服。

生活在土壤中，昼伏夜出，吃作物的根和苗，主要危害棉花），卖的钱。”

地老虎当时1角钱一条。

从2001年起，马秀花家帮大承包户打工。

那年种了40亩棉花，讲好一亩付酬50元。但一场冰雹，棉花都坏在地里，年底，雇主只给了1000元。

2002年种了240亩麦子，一亩20元，赚了4800元。

2003年，也是种麦子，赚了4800元。

2004年种打瓜，赚了6000元。这年8月她转为了兵团正式的职工。缴纳一定的保险金之后，可以在退休后享受相应的待遇了。

新疆兵团的收入确实比在家乡要高，可几年间，却没有攒下钱来。早在甘肃的时候，大女儿就被诊断出患有过敏性紫癜肾炎。她借了2000元钱，在乡医院里住了5天，后又借了3000元，住了一周，再没钱了，只好回家。后来，她们找到了一家私人诊所，在那里住了半个多月的院，欠了人家2300多元。谁知2004年4月，在新疆女儿的病又复发了，她们去了兵团师里的医院，到2005年，已经欠下了14000多元的债务。

医生告诉她们，女儿的病要是转成尿毒症，就麻烦了。

余顺琼

余顺琼两岁的时候父母双亡，她和姐姐来到新疆兵团投奔姑父，1987年，在兵团结了婚。

2002年，她和丈夫开始承包果园。原来水渠的地势比较低，不利于灌溉。她和丈夫在30亩果园里，每四排果树挖一道毛渠，经过两年的经营，2006年，果树可以结果了。

“可我家运气不好，6月份赶上雹灾，亏了8000多块钱。投在果园里和娃娃上学的两万多块钱都是找亲戚朋友借的，想着明年有个好收成把欠债还清。”

余顺琼的大女儿考上了全疆重点高中，她盼着女儿能考上大学，可一场自然灾害，让她犯了难。

“我和娃她爸天天在果园里，夏天除草、施肥、打农药，冬天剪枝，没有时间去打工。原想着能挣够娃娃上学的钱。现在两个孩子一学期3000多块钱的费用没了着落。”

2007年，我去回访时，她家的果园丰收了，赚到25000元。女儿在班上考了第12名。家里也已经换了房子，虽然还是旧的，但比原

273

274

275

276

来好了很多。债也还完了。

张美丽

张美丽1995年从甘肃到新疆打工，就一直留到现在。两个娃都是在新疆生的。如今她是农六师101团4连的职工。

1996年开始承包土地那年，她赚了2000块钱，可1999年30亩西红柿遭灾，赔了32000块钱。她说是自己运气不好，头年60亩棉花因风灾、缺水，赔了4000多元，好在2005年的棉花丰收，能有6000多块钱收入，可以还清连里的欠款。

张美丽一直希望能靠养猪挣到钱，她说："把房后的棚棚收拾出来，养上几十头都没问题，只是没有钱，一直空着呢。"

我跟她说了"幸福工程"的事，她高兴得不得了。

2006年，她赊了4头小猪，"幸福工程"的帮扶款下来正好帮上了忙。

2008年我去回访，她家的猪圈里已有不少小猪了。

"今年是猪年，我家的小猪是'金猪'哩！"她兴奋地跟我说。

⊙273 希望的路。
⊙274 余顺琼在果园劳作。
⊙275 收工。
⊙276 3000年，余顺琼用幸福工程帮扶款3000元购买了6只羊、1头小牛犊和1头种猪，现在已发展到9只羊、4头猪，卖掉2头猪买了饲料。余顺琼准备建大的猪圈和羊圈，发展养殖业。
⊙277 31岁的张美丽最大的愿望是养猪，盖新房。

278

⊙278 2006年，张美丽用幸福工程帮扶款3000元购买了4头种猪，经过饲养繁殖已收入1200元，12月又产下20个猪娃子。
张美丽说：“拿到这笔爱心款后我写了三封感谢信给师里，我想要帮助我的那些善良人电话，地址也行，我要亲自打电话或写信感谢那些连面都没见过的好心人！钱虽不多，但暖人心呀！自从喂了猪，我丈夫去年就没外出打工，打工没有保证，在家喂猪每年都有保证，大田里的活儿也可以做，还可以帮人做些小工挣钱，4头种猪一年就挣了2000块，今年开春猪价低的时候，我用挣到的钱再进4头。”

夫妻现在养猪比打工赚得多，也就不出去了。她打算开春时，再进4头小猪，做育肥猪，而不只是卖猪娃，这样能赚更多的钱。

李晓红

李晓红原本是二十八团水泥厂的一名化验员，每天穿着白大褂在实验室里，风吹不着，雨淋不着，工资奖金一样不少，让人羡慕。

2000年，水泥厂因污染严重，被停产，她和丈夫都下了岗。一家人靠公婆的一点退休金过日子，加上帮别人打零工挣点钱。

2001年，二十八团决定对水泥场进行改制，号召职工承包土地。于是，李晓红和丈夫找亲戚朋友借了钱，在二十八团承包了12亩地，定制了果树苗，套种上棉花。

“我当时想得太简单了，认为只要勤快，就一定能够有收益的。”李晓红说。

她从来没有种过地，虽然辛辛苦苦干了一年，却没有回报。第二年，她从头再来，跟着大家一起种了定单甜瓜，人家怎么干她就怎么干，不明白的地方就去请教，经过夫妇俩的精耕细作，甜瓜长得又大又好，嫁接的香梨树也不错。

没想到，瓜熟时节，市场滞销，根本卖不出去。眼看着熟透的甜瓜一个个烂在地里，李晓红急得坐在地里哭，12亩甜瓜，又一年的辛劳啊！

哭解决不了问题，她抹去眼泪，跟丈夫骑着三轮车，挨家挨户叫卖，嗓子喊哑了也没卖出多少，回家算了算，总共才卖了900块钱，亏损达7000多块。

祸不单行，那年冬天连下了几场大雪，地里两年的梨树全都变成了柴火棍。

李晓红已是欲哭无泪，辛辛苦苦干了三年，不但没挣上钱，反倒欠下1万多元的债务。

“最难的时候，全家人一天喝三顿面糊糊。”

这时，兵团组织下岗人员培训，还带领他们外出参观蔬菜大棚种植。李晓红很想试试。建大棚需要地和资金。水泥厂没有可种的土地，只有戈壁滩，资金更是没有着落。厂计生协听到她的想法，帮着找到土管分局，协商将一块戈壁滩特批给了她，并为她担保申请了小额贷款3万元。

“要把戈壁滩变成耕地，太难了！真是不干不知道。”

戈壁滩上都是石头，首先要筛地，筛戈壁这活儿小伙子干也受不了。李晓红没有钱雇人就自己干，每天天不亮就起床，背上一壶水带上干粮，扛着铁锹和筛子，天黑才回家。

有人说：“你们这样干，干到猴年马月也干不完。”还有人说：“光秃秃的戈壁滩，一没土二没水，是白费劲！”

李晓红犹豫了。

厂计生协这时鼓励她坚持下去，也会继续支持帮助她。

就这样，日复一日苦干了两个多月，一座宽10米、长130米的戈壁滩，硬是被李晓红筛了出来，堆起的粗戈壁石有600多方。运出这些粗戈壁石，再拉进熟土和沙子混合，才算把地整好了。还要建保温墙。

戈壁滩上的风沙太大，保温墙必须用砖砌，她和丈夫既当大工又当小工，和浆、运砖、砌墙，手磨出了泡也不停工，简单包扎一下继续干。保温墙砌好了，又要预制立柱，全棚需要200多根立柱，厂计生协无偿提供了2吨水泥，解决了这一难题。

这时，李晓红的贷款用完了。天气一天比一天冷，买草帘子和薄膜的钱都成了问题，更不要说买菜种进行播种了。

就在李晓红发愁的时候，第三期“幸福工程”款由兵团拨到了团里。从广播里听到这个消息，她高兴得像个孩子。

很快，3000块钱的“幸福工程”款申请到了。李晓红用5个月的心血建起的大棚终于完工。播下种后，李晓红得空就到团计生协举办的养殖种植培训班去学习，从最基础的开始，施肥、浇灌，整天和爱人趴在大棚里琢磨。团计生协的技术人员也时不时到她的大棚里来指导一下。

279

280

281

282

283

2005年1月，她种的第一茬蔬菜上市，正赶上春节，赚了3000多块钱。

“我当时捧着这些钱流泪，这可是我和丈夫用血汗换来的第一笔钱呀！”

4月初，第二茬黄瓜上市，收入了1.5万元。

兵团计生委主任刘戈玉、计生协秘书长吴少华等来到李晓红的蔬菜大棚时都很惊讶，李晓红夫妇硬是让这茫茫戈壁滩变出了一小块绿洲。

⊙279 茫茫戈壁滩蕴藏着李晓红的梦想。
⊙280 丈夫是个好帮手。
⊙281 奔向未来。
⊙282 幸福的笑容。
⊙283 播种希望。

郭艳红

郭艳红2000年8月从河北农业大学毕业后报名来到兵团，分在农三师四十一团[注]园林公司做技术员。

“11月初，我男朋友秦保卫带着介绍信和户口本也来到四十一团。我俩是一个村的，他高中毕业没考上大学，就在老家的工程队打工。我上大二时和他谈的恋爱。11月23日，园林公司给了一间房，我们就结婚了。”

2002年，兵团鼓励职工承包土地，当时国家搞退耕还林，郭艳红承包了30亩，育酸枣树苗。2003年春季，卖掉树苗赚了12000块钱。2004年种棉花，赚了26000块钱。

2004年11月，她承包了6个大棚，种葡萄、桃子、蔬菜、西瓜等。团里为了让她搞好这几个大棚，12月份免费送她丈夫到塔里木农垦大学培训20天。

“我到市场去转，发现每年的五六月份市场上没有新鲜的葡萄，就决定搞温室葡萄。我俩抱上三四十公斤的葡萄到喀什卖给小摊贩，每公斤10块钱，小摊贩一转手卖到了30多块钱。还有种的西瓜和蔬菜也卖了一些钱，到现在已收回来12000多元。

“我自打来新疆就没干亏过，但今年天灾，肯定要亏，明年也不会挣到钱，我有这个思想准备。刚承包时，6个大棚投入了5万多块钱，园林公司垫付了1万多块钱，前几年挣的钱除回老家探亲和生活外，剩下的2万多块钱都投了进去，还找老乡和亲戚借了16000块钱。”

技术对郭艳红来说已不是问题，她最头疼的是资金周转不开。

新疆的春季风很大，塑料布几乎是一年一换，6个大棚需9600块钱，保温棉被也都烂了，要买布缝补。

一天，团里领导让郭艳红填个表，她后来才知道是“幸福工

注：四十一团前身是王震率领的中国人民解放军二军政治部联络部二军教导团。1950年进驻草湖垦荒，是兵团成立最早的一个农牧团场，位于塔克拉玛干沙漠西部边缘的喀什三角洲，盖孜河冲积扇前缘，规划面积14.4万亩，现有耕地5.4万亩。全团总人口6077人，汉族占94.5%，少数民族占5.5%。

284

⊙284 2006年幸福工程为郭艳红带来了5万元的帮扶款，她建了一个一吨半的锅炉，2个棚的地暖，打了一个压井买了水泵等，年收入1.8万元，已还了部分借款。她还带领7个贫困母亲发展生产，免费为120户家庭进行棉花技术指导。

程”帮扶表，回家和丈夫一说，丈夫高兴地问：“幸福工程能帮我们多少？”

“一万块钱！”

“那我们可以买塑料棚布了，要利息吗？”

“不要，但两到三年要还给人家，还要帮助其他的贫困母亲呢。”

“没问题，明年我们就可以还款。”

郭艳红和丈夫商量，6个大棚搞好了，帮连里其他人提供些种苗。丈夫满口答应。

285

286

⊙285 许翠玲的愿望是发展蔬菜大棚。

⊙286 2006年许翠玲用幸福工程帮扶款3万元承包了6个大棚种植蔬菜和反季节果树，到2007年2月她已有了2万元的收入，还带领2户贫困家庭发展生产。

许翠玲

农三师四十一团五连是团部最远的单位，以种棉花为主，当地红柳戈壁土质差，盐碱重，气温偏高。

许翠玲全家是1994年3月27日从河南扶沟县来到五连的，1995年5月转成正式职工。刚来的那几年承包土地没有经验，加上天气原因，基本没有挣到什么钱。

1997年的4、5月份，正值播种的季节，却赶上下大雨刮大风，许翠玲全家两天两夜守在地里压膜，可大风还是把压好的膜刮跑了，年底亏了11000多块钱。转年连里帮扶，每亩给了90块钱，一直到2002年。基本上只能维持生存。

2003年连里实行两费自理，许翠玲和大部分职工家庭因亏损后的几年没缓上劲，无资金承包土地。连里帮她们垫付了资金和生产资料，这一年棉花价格放开，50亩的棉花给许翠玲家带来了9000多块钱的收益。可到2004年棉花价格下滑，收入一下降到了3000多块钱。

许翠玲有两个孩子，一年的学习费用就要9000块钱。2001年大女儿考上了师范学校，没钱上，她只好把老家的房子卖了8000块钱，加上承包地也需要投资，许翠玲家欠了银行1万块钱的贷款，还有老乡的2000块钱债。

她说：“借钱太难了，那滋味不好受，我做梦都想致富，为了娃娃将来能有个好出路，不管多难也要把娃儿供出来！”

许翠玲的女儿很懂事，一放假就帮她在地里干活，连队有活儿也抢着去干，一天能挣20块钱。

大女儿告诉许翠玲，她上学课余时在学校打工。有一天帮人卖鞋子，收了100元的假币，老板知道她家穷，说算了，以后当心就是。大女儿表示再干几天，不要工钱了，把亏的100元补上。但老板还是付了她工钱，这件事让她难过了好几天。

四十一团离喀什很近，交通便利，团里计划在5连建10个大棚试点，争取到了13万元“幸福工程”款，能帮扶9位贫困母亲。

当许翠玲听说自己被职工们评上了被帮扶的对象时，高兴得不得了。她在老家种过蔬菜，打算用这笔帮扶款承包4个大棚种蔬菜和反季节果树。

许翠玲说：“我现在天天盼着那笔款下来，到时就可以大干了，挣了钱先供娃娃读书，再把一部分欠债还上。只要我缓过来，再拉上其他姐妹一起搞大棚！”

侯银花

侯银花是农八师一四七团联合加工厂的一名工人。

丈夫唐建原是一名电焊工，28年前，也就是她们婚后的第二年，得了强直性脊柱炎，腰弯得直不起来，行走困难。女儿当时还不满一岁，正在哺乳。家庭的重担都压在了她一个人的肩上。

为了给丈夫治病，她先后从亲友那里借了几万块钱。每次外出给丈夫看病，侯银花都是先准备了一些干粮和咸菜，夏天露宿在车

⊙287 过年啦！

站，冬天只能找便宜的旅舍住下，3年走遍了石河子、乌鲁木齐和内地的一些专科医院，花费了8万余元，丈夫的病也没能治好，整个脊背已弯成了90度。更让侯银花痛心的是，她发现女儿唐晓丽患有先天性侏儒症，如今28岁了，身高只有1.2米。在女儿6岁那年，她和丈夫又生了一个儿子。

20多年来，一家四口，两个残疾人，背负着几万元的债务。家里的经济来源仅靠侯银花不到百元的工资和丈夫的病退费。多少次，侯银花都打算结束自己的生命，可一想到残疾的女儿，她心软了。女儿仿佛看出了母亲对这个家庭的绝望，依偎在她身边说："妈，我干不动别的，咱想办法买几只羊吧，我可以放羊，也能挣些钱，你就不会那么苦了。"那一年，女儿还不满12岁。侯银花紧紧地抱着身体弱小的女儿泣不成声。

2003年6月，儿子唐晓松初中毕业面临中考。一天，儿子郑重其事地对她说："妈妈，我不想考高中了！"

"为什么？"

"上高中要花好多钱。咱们家这么困难，还背着那么多的债。我是个大男人，不能再看着爸爸妈妈这么为难了！"

儿子从小就是一个性格内向，不善言语的孩子，不是默默地学习，就是帮着家里干些力所能及的活。这天，侯银花望着长大了的儿子，心里异常酸楚。她把儿子搂在怀里，流着泪说："你姐先天残疾，没上几天学，以后咱这个家就靠你了，你是爸爸妈妈的希望，没有文化不行，妈妈再苦再难，也要供你上高中，上大学，妈妈要你成才，你明白吗？"

儿子终于点了点头。

那一年，她的儿子顺利考上了高中。但一年几百块钱的学杂费、书本费，还是让侯银花心有余而力不足。

正当侯银花走投无路的时候，2004年的春天，一四七团计生协争取到“幸福工程”项目，给侯银花送来了6头荷斯坦小公牛，还在养殖技术上给予了指导。

侯银花从中看到了生活的希望。团计生协还帮她家凑齐了木料，搭好了牛圈。残疾的丈夫弯着90度的腰帮侯银花一起饲养。由于缺乏经验，一头小牛拉肚子，不吃不喝。兽医给牛注射了青霉素，还为她讲解了牛的常见病防治知识，手把手地教她如何给牛量体温、喂药、打针。

团计生协考虑到市场上餐饮业的需求，建议侯银花再饲养一些肉兔，供应给本团和石河子的饭店。于是，侯银花又增添了饲养肉兔的项目，当年发展到250多只，出笼150只，年底增加了不少的收入。

为了养好牛和兔，侯银花起早贪黑，到两公里外的地里去割草，再用自行车驮回来，一天要驮五六趟。

2004年的6月13号，她像往常一样起早去割了两趟草，又急忙赶到厂里上班。回来的路上，连人带车摔到路边。同路的工友将她送到医院，拍片检查是右肩骨折，医生嘱咐，必须卧床。

那是侯银花一生中最艰难的一段日子。6头牛和100多只兔子要喂养，她却只能躺在床上。家庭的重担落在了残疾的丈夫和女儿身上。瘦小的女儿不光要洗衣、做饭，还要帮着爸爸喂牛，给兔子添草。儿子放假后，每天上午和爸爸一起去割草备料，一个暑假下来，手上满是血泡，身上晒掉一层皮。

2004年底，侯银花家的6头肉牛养大出栏了，加上肉兔的销售，纯收入达到了8000多元。第二年，她家扩大养殖规模，买了6头牛犊，肉兔增加到了300余只。

两年的时间，侯银花家增加收入两万余元。不仅偿还了部分债务，还搬进了宽敞明亮的新房，添置了彩电，安装了电话，家庭生活有了明显改善。

2006年，侯银花增加了养鸡项目，年底纯收入达到2.5万元。2007年，侯银花被列入“幸福工程”第二轮资助对象，她进一步扩大了家庭养殖规模，年纯收入达到了3万元以上。不仅还清了全部债务，还有足够的经济能力供儿子读大学。

2005年，侯银花被幸福工程组委会授予“幸福母亲”荣誉称号。

守望国境线

诺亚堡是一个在中国地图上找不到的地方。它之所以有名，是因为这里有一个“西北民兵第一哨”，有一对夫妇在这里守望了40多年。

诺亚堡位于新疆西北，紧靠着中国与哈萨克斯坦的国界。哨所不大，只是几间小房。开门就是国境边的围栏。围栏外就是哈萨克斯坦。周围戈壁广阔，杳无人烟。

诺亚堡民兵哨所是1962年7月奉命组建进驻的。从成立的那天起，一个排的民兵战士就承担起边境别尔克乌争议区的护边守防、

288

⊙288 邹梅花和丈夫升国旗。

巡逻值勤任务。

40多年来，哨所见证了先是中苏、后是中俄关系的风云变幻，邹梅花和丈夫付华长年生活的哨所，被人们称之为“夫妻哨所”。

“我家住在路尽头，界碑就在房后头，边境线上牧牛羊，界河边上种庄稼。”

每天早上，邹梅花同丈夫一起在哨所边升起五星红旗，傍晚，迎着落日的余辉，再小心翼翼地把国旗降下来。日复一日，年复一年。

42岁的邹梅花，是两个孩子的母亲，大女儿已经上大学，小女儿在读高中。

2002年，农十师计生协“幸福工程”项目在邹梅花所在的一八六团启动，那年5月8日，她作为救助对象拿到了2万元。

她和丈夫盘算了一下，决定搞牧业。自己动手盖了一处圈舍，买了70只羊，购置了打草机，建了青贮池，夫妇俩把全部的心血倾注在70只羊的身上。为了保证羊羔的成活率，她俩把铺盖搬到了羊圈，守护在待产的母羊身边三天三夜，直到一只只羊羔顺利产出。

她跟丈夫自学饲养知识，不断向老牧工和技术人员请教，家里的羊群日益壮大。2002年的收入达到1万多元。2003年，生产母羊达到140多只，羊存栏数216只，产羔率120%，年收入达到3万元。在师计生协的帮助下，邹梅花夫妇2005年又种植了饲料苜蓿，别人一年收两茬，她家收三茬，收入达到15000元。

科学喂养，辛勤付出使邹梅花家这几年的收入节节攀升。她们的家庭收入从最初的2800元到27800元，收入增长了八九倍，人均收入达7000元，比当地人均收入4700元还高出2300元。

当邹梅花已不再是贫困母亲时，她开始向那些需要帮助的贫困母亲伸出了援手。

高保钱妻子早产，新生儿用品一点都没有，邹梅花及时送去了所需的物品；张秋迎搞家庭养殖，资金周转困难，她送去1000元以解燃眉；李俊爱夫妇由于找不到致富门路，一直摆脱不了贫困，邹梅花就从棚圈的设计开始，手把手地传授技术，帮助他们利用棚圈套养种兔和肉鸡，使李俊爱一家走出了贫困。

2004年，她的事迹被编成了节目《哨所人家》，参加了农十师第六届职工文艺汇演。邹梅花说：“我得对得起当初帮我的人。”

在云南

2001年4月/2001年11月/2005年2月/2005年3月/2008年11月/2009年8月

六六新寨

289

290

⊙289 盘大妹，40岁，全家7口人。孩子多是造成家庭贫困的原因之一，像这样的家庭，孩子更没有条件上学。

⊙290 白罗松，27岁，金平县者米拉枯族乡顶青村人。全家4口人，水田1.8亩，年收稻谷750公斤。家有一头牛，去年靠种植草果收入300元。

2001年4月23日清早，我到了云南昆明。

省计生协的李桂芳秘书长为我安排了采访路线，不到9点，我和协会办公室主任李连起和小陈开车向金平县进发。

傍晚的时候，车到金平县阿得博乡附近，漫天起雾，遮住了视线，汽车明显地慢了下来。天渐渐黑了，5米之外已看不清楚，开车的陈磊下车引路，改由李主任驾驶，我则在另一侧观望，以防汽车滑向山谷。车慢如牛，倾盆大雨夹杂着冰雹，又铺天盖地倾泻下来。山上不时有被雷电击断的树木，滚落在路上。蹭到金平县[注]县城的时候，已经是晚上10点了。

因为头一天的暴雨，造成山体滑坡，第二天的采访进展得很不顺利。

金平县由于地理位置特殊，从上世纪50年代的援越抗法、60年代的援越抗美到70年代末80年代初的对越自卫还击战，40多年中一直处于战火硝烟的前沿，错过了许多发展机遇，是国家级贫困县。1999年地方财政收入2145万元，财政自给率仅达20%，农民人均有粮298公斤，人均纯收入555元。全县有7万多人未解决温饱问题。

在者米拉祜族乡的六六新寨，乡干部介绍，1957年以前，者米乡的“苦聪人”（1985年被确认为拉祜族的分支）一直生活在深山老林里，居无定所，靠狩猎、采撷为生，生产方式十分落后。1957年被解放军、民族工作队带出森林后，由原始社会一步跃进到社会主义社会，走上了集体生产的道路，生产力有了较大发展，大多数

注：金平县位于云南省红河州南部边陲山区，距省会昆明市477公里，距红河州府个旧159公里，是红河的南大门。南部与越南接壤，边境线长达502公里，全县总面积3677平方公里，其中山区面积占98.7%，耕地面积38万亩，人均耕地1.3亩。

人一度解决了温饱问题。1982年推行家庭联产承包责任制后，由于不能适应市场经济的冲击，一些苦聪村寨每年自产粮只够吃一两个月，少数苦聪人甚至重返深山游居，重新靠打猎和采集野果为生。

六六新寨是苦聪人居住的30多个自然村中惟一通公路的，寨子里有101户人家，389人，其居住的土墙石棉瓦顶房，是国家无偿帮助建的。我走进一户户人家，大多家中只有一张低矮的竹床，一个常年不熄的火塘，一块破旧的毡子，一口锅和几个碗。不少人家买不起盐巴，见不到油荤。人们穿的衣服，多是捐赠的。

26岁的白平来在门前的竹架子上晾晒木薯。她说，家里的谷子已吃完了，现在全家4口人每天只能靠木薯充饥。

编织中的梦

在山路上颠簸了一上午，才从勐拉乡到达了金水河镇南科村。进入村落，我先看到的是靠着山沟竖立的一些竹竿，副镇长周祥说，这是住在山下的村民发电用的。

住在山上的村民零零星星有十几户，我猫腰钻进一家，门口

291

⊙291 罗秀花，23岁，全家3口人，有新开挖的水田2亩，年产稻谷300公斤，无牲畜。全家靠她编织 垫的收入贴补家用。

处，一位年轻的母亲正坐在地上，借着门前微弱的光线用竹片编织靡垫，一个孩子趴在旁边的竹片上。

母亲叫罗秀花，只有23岁，男孩7岁，是她在山沟里捡来的。

“孩子好像病了。”我说。

“是。”周副镇长点头，“她这样没黑没白地编织靡垫，就是想在赶场时换几个钱为孩子看病。”

“一天能编几个？”我蹲下身子问罗秀花，“能卖多少钱？”

罗秀花的手停顿了一下，又开始编起来，没回答我的问话。

“客人问你话哩。”周祥说。

罗秀花拿着编好的靡垫给我看，还是没吭声。

“这种靡垫，在我们这儿不值几个钱。”周祥只好代她说，“她一天也就能编五六个，一个能卖一块钱就不错了，一般也就几毛钱一个。”

罗秀花点了点头。

“要是孩子的病好了，你会让他上学吗？”我问。

罗秀花踌躇了一下，看着副镇长。

“会哩。”又是周祥代她回答。

“咱这里穷，交通不便，文化素质低哩。我们镇政府开始重

292

⊙292 李高能，45岁，金平县沙依坡乡妈卡坡村人。全家4口人，2.5亩田收成500公斤稻谷，经济来源靠其夫外出打工，全年有500元收入。家有一头猪。

视这个啦，下一代的教育问题一定会抓紧，镇里再穷，也要投入资金，让孩子们上学。”

傍晚，我们下山，几个刚刚放学回家的中小学生朝我们走来，我不禁多看了他们几眼。这一代新人会有一个崭新的未来吧。

拍进照片里的笑容

金平县之行，老天爷好像有意和我过不去。汽车刚离开县城便下起了大雾，车外朦胧一片，什么也看不见，车在山路上蠕动。

县计生委曹金珍主任向我介绍，每年的二月前后，会有很多人来这儿拍照，尤其是日出日落时，从山顶往下看，层层梯田，金辉闪耀，景色非常好看。

“你知道吗？梯田是我们哈尼族人创造的，已经申报了专利。”曹金珍的语气很是自豪。

我走过太多这样的地方了，山川秀丽，人却很穷。

2001年11月1日，我又到云南。

从昆明到丘北县，290多公里路，2日晚上才到。

转天一大早，县计生委书记杨光文，副主任张天良陪我下乡，采访“幸福工程”受助后的母亲。

八道哨彝族乡有76个自然村，居住着汉、壮、苗、彝、回、蒙、白七个民族，总人口29104人。耕地面积41071亩，人均耕地1.41亩。全乡处于滇东南岩溶高原丘陵地带。海拔在一两千米之间，年平均降雨量一千多毫米。

在八道哨村山腰上一处临时搭建的房子里，我见到了30岁的脱贫母亲王秀梅。进到屋里，两个孩子正在电视机前打游戏。

王秀梅家曾经很穷，连一双袜子都穿不起。

她和丈夫是青梅竹马的伙伴，长大后的一天，她接到了一封让她心跳的情书，情书的纸很廉价，上面的话却让她动心。

两人成亲后，从大家庭中分出单过，“幸福工程”为他们提供了最初的生产资金。

烤酒、养猪、办鸡场，王秀梅和丈夫就这样一路走来，有苦有乐。

最初，他们以为烤酒不太难，干起来才知道，比种田还辛苦。初期没经验，出酒率很低，几乎是个赔本买卖。同时养的猪又纷纷死了。眼看着“幸福工程”的扶助要全部落空，王秀梅跑到山坳里

293

⊙293 又是一个收获的季节，王秀梅笑得很满足。

哭了一场。

哭够了，想想还得干。王秀梅跑去向有经验的人求教，渐渐找到了门道。那年春节，王秀梅家的锅里煮上了香喷喷的肉。她说，过去过年，能吃上一只猪脚就很好了，若有客人来，主人自家还舍不得吃，要让给客人。现在鸡鸭鱼肉平日想吃，也吃得起。

王秀梅的养鸡房建在山坡的小树林里，到了夏天，蚊子围着人团团转，气候湿热，鸡粪发酵很快，熏得人透不过气来。逢到雨天，鸡舍就变成了烂泥塘。夜里要起床好几次，把跑出窝的鸡崽撵回来。锅灶被雨水冲刷下来的黄泥埋了，连个做饭的地方都没有。

但无论怎样辛苦，王秀梅与丈夫咬着牙关顶过来了。

294

295

296

297

298

299

300

如今，王秀梅的笑容已被拍进了照片，就挂在她家的墙上，那笑容发自内心。

[资料]

丘北县位于云南省东南部，距昆明290公里。全县国土面积4997平方公里，辖14个乡镇、99个村民委、1228个村小组，人口43万多，居住着汉、壮、苗、彝、白、回、瑶、蒙古等八种民族。2001年有近5万贫困人口，4700余人尚未解决温饱。是国家级贫困县。

1998年，幸福工程全国组委会项目部副部长陈惠菱到邱北县考察，写出了长达40多页的《丘北县山羊养殖项目可行性研究报告》上报幸福工程组委会。在云南省计生协的支持下，项目确定。1999年2月，10万元幸福工程项目资金到达丘北县，救助50户470人，有218人当年脱贫。

到2009年年底，资金通过四轮（批）滚动使用后，受助母亲由50户发展为420户，人均纯收入由1999年的608元增加到现在的2360元、人均有粮269公斤增加到现在的450公斤、山羊存栏8640只、牛存栏54头、猪247头、鸡27000只，受助的420位贫困母亲及家庭均已脱贫，惠及2251人。

西畴行

在西畴县[注]崖洞村见到了罗彩兰，她有两个孩子，自己才24岁。家里有7分地，每年只能收成250公斤的玉米，差6个月的口粮。她又向别人租了二三亩地，一年收个400公斤玉米。丈夫帮别人砸石

301

⊙294 熊松农，40岁，宁蒗县永宁乡洛水村人。家有3.5亩坡地，租地1.5亩，年收成苞谷750公斤、洋芋1500公斤，需买口粮300公斤。

⊙295 汉永翠，29岁，丽江金安乡增明村人。6亩坡地年收成苞谷1000公斤、小麦750公斤，需买口粮750公斤。经济来源靠养猪，年收入3000元，无外债。

⊙296 和盛花，28岁，丽江金安乡增明村人。5亩坡地年收成苞谷500公斤、小麦400公斤，需买口粮900公斤。经济来源靠种植烤烟和蚕豆，年收入3300元。

⊙297 阿余阿嘎，46岁，宁蒗县新营盘乡毛家乡村人。全家4口人，2003年得到上海计生协帮扶幸福工程项目款2000元发展种植业，2008年收入2.2万元。

⊙298 杨文英，38岁，宁蒗县新营盘乡毛家乡村人。全家4口人，2003年得到上海计生协帮扶幸福工程项目款2000元用于小卖部商品进货，2004年小卖部收入2500元，购买300株苹果树苗，2007年小卖部加上卖苹果的收入1.1万元，2008年增加到2万元。

⊙299 沈顺花，29岁，宁蒗县大兴镇安乐社区人，独生子女户，3003年初接受上海计生协帮扶幸福工程项目款3000元发展养殖业，现鱼塘每年纯收入达到2万元。

⊙300 付云莲，46岁，宁蒗县永宁乡洛水村人。全家5口人，2001年得到幸福工程项目款2000元发展养鱼，两年后出塘纯收入6000元。2005年又得到中央国家机关帮扶项目款1000元购买鱼苗，2007年纯收入9000元。

⊙301 罗彩兰，24岁，西畴县西洒镇崖洞村人。全家4口人，7分地年收成250公斤玉米。经济来源全靠养的一头母猪，卖小猪收入700多元。

注：西畴县位于云南省文山州东南部，辖8乡2镇70个村民委1933个村民小组，居住着汉、壮、苗、彝、瑶、蒙古6个民族，共24.3万人。全县面积1506平方公里，其中岩溶山区占75.4%，是全国最典型的岩溶山区县之一。

头，一年能挣到三四百元，家里过日子还是不够。

罗彩兰借钱养了一头猪，当年下了两窝猪崽儿，卖了700元钱。她说，最大的难处是粮食不够吃，房子透风漏雨。

如果能得到“幸福工程”的扶助款，她想买两头母牛。她算了一笔帐：牛不吃粮食有草就行，母牛能生小牛，几年下来，她就可以把扶助款还上了，自己还有的赚。这样干上几年，她相信日子会好起来。

歌中姻缘

天上淅淅沥沥下起了雨，我们依照原计划，驱车前往长冲村。汽车由大路拐上崎岖泥泞的小路，停在山坡的一侧。我们顺着一条显然是刚刚开辟的山间小径爬上坡，来到一间石墙草棚前。不巧，屋主人外出干活去了。

陪同采访的西畴县计生委主任王俊文对这家人很熟悉，她说，住在这里的是一对年轻夫妇，有两个孩子，老大上小学6年级，老二上3年级。旧屋塌了，没有办法翻盖，乡政府补助了他们2900元钱，夫妇俩垒起了这间不足一人高的石墙草顶屋。

等了一会，山路上出现了一个缓缓移动的草堆，陪同的干部

⊙302 吴永香，33岁，西畴县法斗乡长冲村人。全家4口人，3亩地年收成1000公斤苞谷。经济收入靠她和丈夫在本地做零工，年收入700元。

⊙303 吴永香背着秋秸秆回家。

302

303

说，可能是房子的主人回来了。女主人吴永香背着一大堆苞谷杆，深一脚浅一脚向我们走来。

吴永香33岁，家有3亩地，当年因风灾和旱灾，收获的苞谷吃不到第二年的下半年。她为人代养了四头小猪，想着猪长大下了猪崽后，有几只归她，她再把这些小猪养大，就可以把孩子欠学校的学习费用还上。她家已经两年过年没有杀猪了。

吴永香在一只被烟熏得漆黑的水壶里放了些豆子和菜叶，又抓了些盐巴，上火煮，等着丈夫回来吃饭。

过了一会儿，男主人回来了，屋里一下热闹起来。吴永香的娘家和这里隔着一座山，当初两人是对歌对出的姻缘，说及此，夫妇二人变得羞涩起来。我们在一旁鼓动，夫妇俩为我们唱起了当初的情歌。

男：这山望着那山萍，那山有垅有竹林；好事不过金竹笋，好玩不过年轻人。

女：石梅开花一树青，不知老哥住哪村；你把村名告诉我，早去晚去告一声。

大山包

从昭通到大山包[注]80公里的路，用了一上午的时间。有一段路，

注：大山包乡属典型的高寒山区贫困乡，位于昭阳区西郊79公里，境内大小山丘起伏，最高海拔3364米，最低海拔2500米。全乡国土面积192平方公里，有5个村民委员会，110个村民小组，3967户，人口16131人，居住着汉、彝、苗三个民族，全乡人均年收入715元，人均有粮356公斤。

304

⊙304 大山包。

305

30

306

⊙305 孙朝芬的孩子们在田间收土豆。

⊙306 唐兴陆，34岁，巧家县药山镇洗羊塘村人。全家4口人，6亩山地收成洋芋3500公斤、燕麦60公斤，差两到三个月口粮，政府补助低保每人每月40元，丈夫在村小学代课，月收入400元，欠外债700元。

⊙307 这头猪是陆枝美家最值钱的东西，为了防止跑丢，只好拴起来。

⊙308 杨富英，33岁，大山包乡车路村人。全家4口人，4亩山坡旱地种植洋芋、苦荞和燕麦，差3个月口粮，经济收入靠喂养一头母猪，卖小猪收入500元，欠外债600元。

2009年，杨富英已得到社会爱心人士一对一网上捐助幸福工程帮扶款3000元。

⊙309 王美英，46岁，大山包乡车路村人。全家4口人，5亩山坡旱地种植洋芋、苦荞和燕麦，差半年口粮，喂养1头母猪，卖小猪买口粮，欠外债1100元。

⊙310 杨学美，35岁，巧家县药山镇洗羊塘村人。全家5口人，4亩山地收成洋芋3000公斤、燕麦150公斤，差四个月口粮，享受低保每人每月40元，丈夫在家照顾残疾的兄长没有外出打工，儿子是村里唯一在县里读书的学生，一年的学习和生活费近7000元，为了能让孩子上大学，她赊账买了5头小猪，欠外债9000元。

308

309

310

313

311 312

314

315

⊙311 王献英，30岁，大山包乡车路村人。全家4口人，5亩山坡旱地种植洋芋、苦荞和燕麦，差3个月口粮，喂养一头母猪，卖小猪收入700元，无外债。

2009年，王献英得到社会爱心人士网上捐助幸福工程帮扶款3000元。

⊙312 张富兰，35岁，大山包乡大山包村人。全家3口人，独生子女户每年120元补助，2.5亩山坡旱地种植洋芋、苦荞和燕麦，差半年口粮，政府救济50斤大米，经济收入靠编织箩筐，收入110元，喂养一头小母猪，欠外债1600元。

⊙313 张玉兰，25岁，大山包乡车路村人。全家6口人，两位老人和其一起生活，3亩山坡旱地种植洋芋、苦荞和燕麦，差5个月口粮，政府救济苞谷65公斤，喂养1头母猪，卖小猪收入1810元，欠外债300元。

⊙314 王学花，27岁，巧家县小河镇拖东村人。全家4口人，双胞胎女儿，2亩山坡地种植洋芋和苞谷，差5个月口粮，丈夫做零工年收入600元，家有一头猪，欠外债1500元。

⊙315 张建美，25岁，巧家县小河镇竹山村人。一个女儿，两位老人和其一起生活。3亩山坡地种植洋芋、荞子、燕麦和苞谷，差3个月口粮，家有1头母猪，去年卖小猪收入1200元，欠外债500元。

316

⊙316 云南邱北，两个年过花甲的老妇人在劳作后回家的路上。对贫困地区的母亲而言，“退休”这个词是不存在的。

司机师傅是从河床里开过去的。

大山包乡坐落在连绵起伏的山丘之间，随行人员告诉我，大山包西面就是四川，山那边是大凉山，山这边是小凉山。这儿的海拔最高能到3364米，最低的也有2500米，昼夜温差很大。

去合兴村的路上，一个小女孩随着我们的车奔跑，跑得很快。我们的车赶到了前面，我抄起相机下车，不停地给她拍起来。她停下了，愣愣地瞅着我。她看起来不过五六岁的样子，脚上穿着一双不相称的大号胶皮鞋，身上披着用化肥袋子做的披风，小脸蛋红得发紫。

我从兜里掏出糖果，剥了一块，放在她嘴里，她笑了。

我在田里看见一位母亲带着两个孩子刨洋芋，小的只有一岁半，娘几个在地里已经干了七八个小时，饿了就吃几口凉洋芋。

我清楚，贫困就是一点一滴这样的日子堆出来的。

我们来到车路村时下雪了，这个872户人家3488人的村子，到2001年时还没有通上电，80%的村民没有摆脱贫困。

40岁的蒋仕英讲述了她家的情形。她的儿子读到小学五年级就辍学了。每年的收成只够全家维持七个多月，丈夫为了补贴家用，在当地的采石场打石头，路上要走一天半，有一次饥饿难耐昏倒在路边，幸亏被人发现，才拣回一条性命。就是这样拼命干，一年下来也只有三百多块钱的收入。蒋仕英家本来有一处草山，因为没有钱购买牲畜，草山已经撂荒了。

26岁的韩庆兰，7年前嫁到小龙洞乡宁边村，家里4亩地的收成每年都差3到4个月的口粮，丈夫常年在外打工，带回来的200块钱不够买粮食。

她家每年只有到过年时才能吃上两顿白米饭，过年杀不起猪，别人送来一点肉给孩子吃。韩庆兰长这么大，最远的地方只到过乡里，赶场的时候，身上只有三四块钱买些盐巴和辣椒。

2007年，我得到消息，说她已因病去世了。生活在贫困中，疾病往往是他们难以抵御的杀手。丈夫回家把房子卖了，把两个孩子交给自己的兄弟抚养。后自己外出打工，那以后，很少回来。

⊙317 2001年的韩庆兰。

317

有电，但点不起灯

威信县位于云贵川三省结合部，地处四川盆地南缘向云贵高原抬升的过渡地带。境内山川秀丽。

沿着曲折的土路进入扎西镇玉京山村，光线便暗了下来，不是

318

⊙318 杨正莉5岁的大女儿帮别人放牛，报酬是每天能吃上饱饭。她把猪拴在床边，每天都精心照料。

天阴，而是山高沟深。

我们顺着山坡上到了一户人家。一间泥巴茅草屋，四面透光，锅里煮着黑乎乎的菜叶子，四口之家只有一条破被子，垫着稻草。听说来了客人，女主人急急忙忙从山上跑下来。

27岁的杨正莉已经是两个孩子的母亲，家有2亩多地，当年遇到风灾，仅收成了150公斤苞谷和50多公斤洋芋，还有几十斤红薯，所有的收成仅够全家人吃四个月。红薯算是最好的吃食，杨正莉都留给孩子吃。

杨正莉9岁时，母亲生病没钱医治早早离开了她。21岁的杨正莉经别人介绍嫁到了这里，没有一件嫁妆。男方家更穷，只有一间茅草房。有了孩子后生活更加艰难。

结婚6年，杨正莉没有买过衣服，身上穿的打着补丁的衣服是外省人扶贫救济的。

政府头年救济了她家一头猪，每天就栓在床边养着。她打算粮食没了，再把猪卖掉，换些口粮。自从过门后，她记得只杀过一次年猪，那次过年，全家人高兴得睡不着觉。

1985年村子就通电了，可杨正莉交不起电钱，从没有点过电灯。

政府当年搞扶贫，免费为她家提供了种子，种植金银花。我们到时，她正在地里侍弄着，盼望明年能给她家带来些收入，这是她眼下全部的希望。

啥时候能轮到这儿

319

320

一大早天就下起了雨，本来狭窄的山路愈加难走。

接近中午时，雷洪英副乡长带我们来到天池村的陶登林家。38岁的陶登林看上去比实际年龄大许多，20岁时从60多里外的石坎乡嫁到天池村，此前，她从未见过丈夫。结婚那天，锅碗瓢勺以及被褥都是男方临时借来的，婚后三天便把东西还给了人家。

陶登林日常的饭食就是洋芋，稍好些的苞谷饭留给孩子和丈夫吃。结婚将近二十年，她家贫困的生活没有多少改变。为了盖一间像样的新房，她找村里人借了300元钱，前后操持，眼看着房子要盖好了，一场冰雹把房子给砸坏了。

陶登林最怕自己生病和别人要她还粮还钱，如果能有一间像样的房子，能吃饱饭，她不怕干活辛苦。

我向她介绍了“幸福工程”的情况，她眼睛里闪着光。

“真有这样的好事？啥时候能轮到这儿？”

⊙319 陶登林，38岁，威信县双河乡天池村人。全家4口人，1亩坡地年收成200公斤苞谷、500公斤洋芋，粮食不够吃，靠政府救济。家里供不起孩子上学，丈夫在本村帮工，全年有100元的收入。

⊙320 土豆蘸辣椒是孩子们的主食。

⊙321 陶兴美，38岁，昭阳区小龙洞乡宁边村人。2亩地年收成100公斤苞谷和洋芋。

⊙322 15天前她在家里的地上生下一男婴，吃的是村民送来的苞谷饭。

⊙323 2005年，陶兴美的丈夫病了，家里没了经济收入。

⊙324 2001年，陶兴美的家。

一家人就睡在地上

小龙洞回族彝族乡地处昭通市东北部，乡政府所在地距市区10公里，最高海拔3152米，最低也有1910米。全乡有三个行政村属高寒山区，自然资源缺乏，地理条件复杂。由于交通不便，当地人的生产、生活大多是靠人背、马驮。

在宁边村，一间茅草屋孤零零地立在村边的斜坡上，门高不足1.5米。屋内只有4平方米大，中间一个地炉灶，围着几块磨得光滑

321

322

323

324

的石头，算是坐凳。一位妇女在地炉灶旁喂奶，旁边一个大点的男孩不时地逗着婴儿。门对面立着一把梯子，村干部挤不进屋，站在外面告诉我，那是为上去睡觉用的。我爬上梯子，上面漆黑什么也看不见，用手电一照，铺上满是树枝、杂草，只有一床破被。

正在奶孩子的妇女叫陶兴美，是从贵州嫁过来的，38岁，怀里的孩子生下来才15天。

“你家有几亩地，今年打了多少粮食？”我问。

“两亩，苞谷、洋芋收了四袋子。”

她说的四袋子有200斤。

“能吃几个月？”

“两个月。乡里村里再帮点。”

“她男人在村子里打零工，每天能带些吃的回来。”村干部补充说。

“那她现在吃什么？”我望着这个还在月子里的母亲。

“村民每天轮流给她送些苞谷饭，等娃娃大了她再帮村民干些活。”

陶兴美的娃娃没能长大，我们见到的那个孩子出生一个月，因破伤风死了。

乡里后来给她家盖了一间24平方米的砖瓦房，但除了房子，家里什么也没有，一家人就睡在地上。

伤

从丘北县城到双龙营镇太平村有两个多小时的路，越接近村子路越难走，大半个汽车轮子陷在烂泥里。就是这样一条路，还是几年前县计生委副主任张天良捐了1000多块钱修的。

张主任说，山后面有几个村子连这样的路都没有，村民到镇上赶一次场，要走四五个小时。山里人没见过汽车，前几年路修通后，一位村民见到一辆卡车感到很奇怪，这大家伙咋跑得那么快？当他又见到一辆小轿车时更惊讶了，这小东西比那大家伙跑得还快，等它长大了还不知得跑多快呢。

我接触过许多像张天良这样的基层干部们，他们生长在这片土地上，与父老乡亲休戚与共，与外人说起家乡的贫困，心中总是沉甸甸的。

我们一进村就遇见了一对夫妻，女人叫李兰芬，正与丈夫牵着牛准备去种小麦。

⊙325 李兰芬2001年的家。
⊙326 看到小女儿打来的猪草，李兰芬笑了。
⊙327 2001年，李兰芬和两个女儿。
⊙328 2005年，李兰芬和两个女儿。

325

326

327

328

张主任说，李兰芬家是全村最后播种小麦的，因为没有牲畜，只能等别家种完了，借人家的牲口使。

李兰芬家有一间石头垒的房子，墙体已经有些倾斜，屋顶半边透天，白天看日晚上观星，逢天下雨，屋里满灌。

床是几块破木板搭的，上面铺着化肥袋子，一床破被和一个充当枕头的捡来的录音机外壳。惟一算得上物件的东西是一架坏了的缝纫机。

李兰芬两口子头年挖了一年的草药，卖了100多元钱，只够换一些油和盐巴的。

几年后，我得到消息，2004年3月，李兰芬的癫痫病发作，昏倒在火塘里，直到丈夫和女儿干完活回家才把她拉出来，双腿严重烧伤。

329

330

⊙329 中央电视台节目主持人肖东坡采访顾彩莲。
⊙330 村民们的热情，我们不得不下车加入到他们的队伍。

山区没有救护车，李兰芬走不了路，丈夫先是跑到乡里的卫生院买药回来给她涂，等严重了把她送到乡里的卫生院，伤口已经感染。

我2005年春节期间到云南回访，看见她拄着拐杖在和别人聊天，烧伤的腿神经萎缩，走路很困难。那次，我没有见到她的丈夫，他到丈母娘家借粮去了。小女儿打猪草回来，我问："还上学吗？"问了两遍她才说："没钱，我也不想上了。"

"为什么？"

"妈妈已经这样了，我要上学，更没有人帮她干活了。"

我后来听说的，她的大女儿为了得彩礼钱给妈妈治病，很早就嫁人了。

2005年5月，央视七频道《乡约》栏目播出了李兰芬的事，全国有25个省市的热心观众来电来信，寄钱寄物，浙江的姜惠敏、毛建龙夫妇千里迢迢租车到丘北县看望她，并捐了2000元的钱物，李兰芬的伤也得到了治疗，小女儿又重新上学了。

但2009年传来消息，李兰芬死了。

我知道，我以后不用再来了

顾彩莲的变化让我高兴，也让我思考。与贫困打交道久了，不能不让人想找出贫困的根由来。交通不便，土地贫瘠，生产资料匮乏，想想这些理由都存在，可也不完全对。为什么在同样的土地上有穷有富呢？为什么有人没钱看病，死了孩子，丢了性命，而有人

⊙331 2001年，顾彩莲的家。
⊙332 丫口寨的光棍汉。

331

332

333

334

335

336

337

338

⊙333 顾彩莲说，如果谁能帮她一些钱，养一头母牛，转过年来母牛下了小牛，她就可以还钱。生活虽然贫困，但母亲祈盼幸福生活的目光，怎能忘怀。像顾彩莲这样的贫困母亲，只要给她们一点点的帮助，她们便会有脱贫的希望。

⊙334 母女情。

⊙335 顾彩莲教女儿使用缝纫机。

⊙336 顾彩莲家的新房。

⊙337 喂猪。

⊙338 全家福。

⊙339 幸福的喜悦。

自2002年5月通过幸福工程和社会各界人士的帮扶，顾彩莲和孩子的病已经痊愈，欠的外债都已还清，她做梦也不会想到自己的生活发生了如此的变化：盖起了石瓦房、有了自行车、缝纫机、录音机、3头牛、4只羊、3头猪和十几只鸡等。2003年春节开始杀年猪，那年是她结婚后第一次杀年猪。她说，终于盼到自己能杀年猪的春节了。

顾彩莲对全国的爱心人士说："我不会说（话）的，谢谢幸福工程，谢谢阿依（叔叔）、阿孃（阿姨），没有你们（帮扶），就没有我家的现在，我们全家永远不会忘记你们。现在我家房子也有了、牛也有了、猪也有了、羊也有了、鸡也有了，什么都有了，我和娃娃的病也医好了，给你们放心了（让你们挂念我的心可以放下了）。以后我好好的养好牛、养好猪、养好羊、好好供娃娃读书，过好日子……"

339

却能过上相对好的日子，甚至再帮助别人呢？

丫口寨是官寨乡最远的村民小组之一，全寨56户人家有244口人，吃水要靠老天爷下雨，只有20户人家有水窖，其他人家吃水要到寨外的一个水池担水，往返要两个小时。县政府拨款为寨子架设电线杆通电，每户需交200元电表和屋内电线的费用，但一直收不上来，架好的电线杆子在寨子里成了摆设。

村民们赖以生存的土地，80%都是石疙瘩坡地，全寨没有一户达到脱贫标准。

因为穷，丫口寨有36位青壮年娶不上媳妇，本寨90%的姑娘都嫁到了外面。县扶贫办后来给住在茅屋里的村民每户3000元，将现有的茅屋改建成石瓦房；同意外迁的户，每户提供5000元用于易地建房，已有15户外迁；就地改建的有6户；但仍有9户人家既不外迁，也没就地改建。

顾彩莲家就是这9户里的一户。她家的茅屋围墙是石头堆砌起来的，两根木头顶在已经倾斜的墙壁上，站在门口，头能触及到房顶上耷拉下来的茅草。木头搭的床上堆着一团已经辨不出颜色的棉絮，灶旁有一口锅三四个碗、一把壶和一个坛子，再无他物。整间房只有六七平方米。

26岁的顾彩莲有两个孩子，她说自从生了第二个孩子后，胸口就一直疼痛，还不停地咳嗽，全身一点儿力气都没有，不要说干活，连走路都很困难。六七岁的大女儿过早地承担起了家务。

她从没有看过病，只是靠其兄长在山上挖些草药来吃，两年了，根本不见好转。她家的两亩石疙瘩地那年收了不到500公斤的苞谷，小麦被冰雹打得七零八落，没有收成。500公斤苞谷只够吃几个月，连来年的春节都维持不到。为了生计，她每天拖着病体不停地编织着竹箩，好让丈夫在赶场时换回几个零钱，买些盐巴什么的。

“编竹箩能赚到多少钱？”我问。

“100多块。”

“那你就有钱看病了。”我随口说。

“我没想要看病，快过年了，这钱能给娃买点肉吃。”

我的眼睛渗出泪水，那一瞬间我按下了快门。

在当天的日记里，我这样写道：

“小病挺挺，大病等死。”这是深山人家的格言。去乡卫生所要走几个小时的山路，更别说县医院了，治病的钱更让连口粮都不够吃的顾彩莲想都不敢想。

我们离开时，顾彩莲手里紧紧攥着我和杨书记给她看病的150元钱，把我们送到屋后的山坡上，我们走出很远很远了，她仍背着孩子倚靠在石头上远远地望着我们。

2002年和2003年，我在京津做了几次展览，一位女大学生站在顾彩莲的这张照片前哭了，她说："我感觉这位母亲在和我说话。从她的眼睛里看到了坚忍，我一定要帮助她。"她向我要了顾彩莲的地址，说要寄钱过去。

2005年我回访顾彩莲家时，她已陆续收到了2.8万元捐款，生活有了巨大的改变。

首先是她的病好了，家里盖起了新房，是全村最漂亮的。家里养上了牛和猪，村里妇女没事总来她家串门聊天，而以往，是没人敢去她家的，被她借钱借怕了。

现在，她家一个家庭该有的东西都有了，柜子、床、桌椅板凳，还有一架缝纫机，一辆自行车。

说着话，她的丈夫回来了，看见我，坚持要杀鸡留我吃饭。我还有别的采访，答应他第二天来。

第二天是大年初一，顾彩莲全家都换了新衣服，是"僰人"服装，很漂亮。她把我领到她家阁楼上，只见上面挂满了风干的腊肉。

"这是我们第三次杀年猪，以前，这是想都不敢想的事情。"

离开时，顾彩莲夫妇将我们送出很远。

我知道，我以后不用再来了，顾彩莲一家已经从困境中走了出来。

一稿 2010年4月于天津

二稿 2010年6月于北京

大事记

2001年

1月2日～17日　到青海省采访拍摄贫困母亲的生活状态。走访了玉树县结隆乡杂年村，平安县寺台乡窑洞村、新安村、湾子村。

2月20日～3月22日　到甘肃省、宁夏回族自治区采访拍摄贫困母亲的生活状态。走访了甘肃两当县泰山乡同心村；礼县中坝乡新寨村，白河乡白河村；宕昌县车拉乡茹树村，城关镇坡头村、石磊村；陇西县福星乡鹿鹤村，高堺乡高台村，种和乡种河村。

在宁夏走访了海原县徐套乡徐套村，蒿川乡周套村、沙沟村；西吉县夏寨乡夏寨村，王民乡小湾村、下赵村，兴平乡王堡村；固原县开城乡上青石村，大湾乡马场村，蒿店乡双勤村；同心县王团乡马家套子村；灵武市郝家桥乡西渠村，东塔乡宋桥村。

4月9日～29日　到贵州省、云南省采访拍摄贫困母亲的生活状态。走访了贵州三都县拉揽乡高寨村、排烧村，水龙乡水龙村、独寨村，大河镇大河村；普定县城关镇天王旗村，白岩乡高坡村，猴场乡小谷毛村、沙子坡村，補郎乡等堆村、木浪村；紫云县水塘镇格井村，板当镇沙子哨村、青山村。

在云南走访了金平县者米拉祜族乡顶青村、六六新寨村，金水河镇南科村，沙依坡乡玛卡坡村、阿德博乡水源村。

5月29日～7月12日　到重庆市、四川省、陕西省采访拍摄贫困母亲的生活状态。走访了重庆城口县棉沙乡三河村，蓼子乡莲花村、长元村；巫溪县中梁乡星溪村、河口村，胜利乡堑场村；万州区分水镇双丰村；綦江县新盛镇玉皇村，石壕镇香树村、田坝村，打通镇马颈村、赶水镇綦阳村。

在四川走访了布拖县木尔乡叶尔村，火烈乡益吉村，补洛乡尾使沟村，觉撒乡马衣包村，托觉镇老吉村；昭觉县竹核乡木杂路村，城北乡普提村，解放乡呷支社；黑水县知木林乡热里村，扎窝乡克别村。

在陕西走访了永寿县郭村乡太村、马九村，渠子乡八寨村；长武县枣元乡寨子村、焦家哇村，巨家镇王家沟村；旬邑县后掌乡长舌头村、后义阳村，职田镇照庄村，赤道乡义井村；延安万花乡花园头村、毛堡则村，甘谷驿镇前苏沟村。

8月2日～11日　到内蒙古自治区采访拍摄贫困母亲的生活状态。走访了巴林右旗巴颜尔灯苏木宝力格嘎查，羊场乡上石村，巴彦琥硕镇巴彦琥硕村；克什克腾旗宇宙地镇刘家营子村，达来

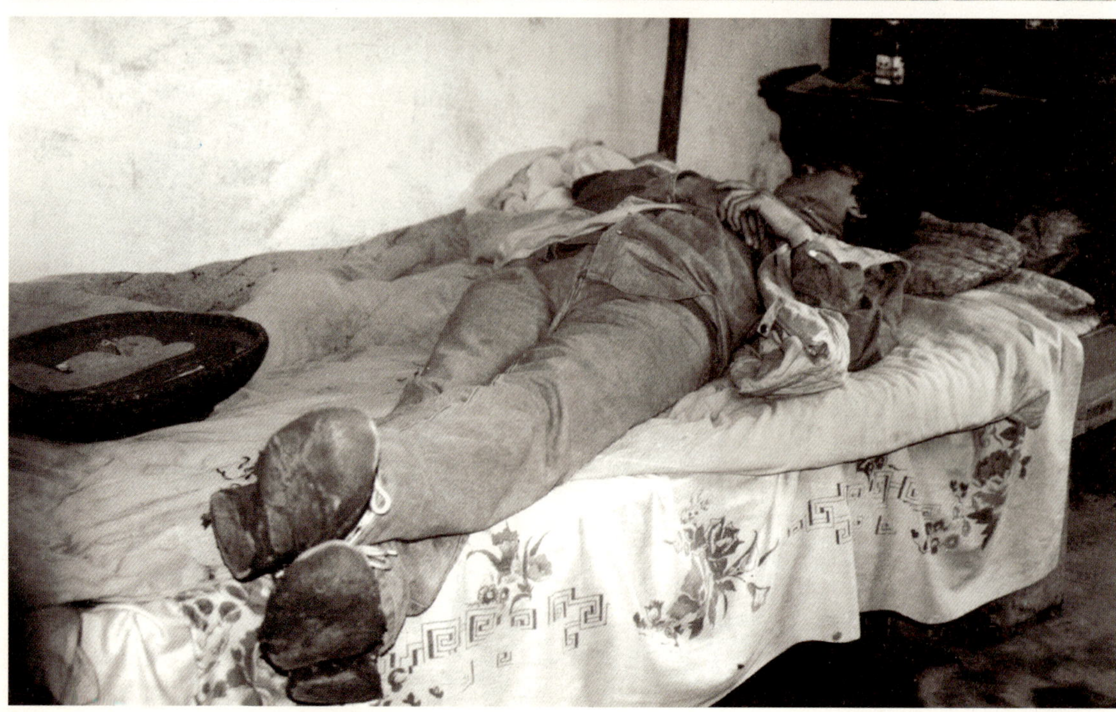

诺日镇察干敖来嘎查、罕达罕嘎查；喀喇沁旗牛营子镇牛营子村、水泉村，大牛群乡大牛群村，旺业甸镇旺业甸村。

10月29日～11月24日　到云南省、贵州省采访拍摄贫困母亲的生活状态。此次作者是二下云南和贵州，走访了云南丘北县八哨乡八哨村、斗母村、大勒哨村，双龙营镇太平村，官寨乡山心村，天星乡篾陶龙潭寨；西畴县西洒镇石夹牛村、崖洞村，法斗乡长冲村，法斗村、猛后村；昭通市大山包乡合兴村、车路村，小龙洞乡宁边村；威信县罗布乡新田村，扎西镇玉京山村，双河乡天池村。

在贵州走访了紫云县水塘镇格井村中洞组。

◎ 2002年～2003年

2002年4月，作者随中央直属机关幸福工程考察团到贵州考察幸福工程项目实施情况。两年期间，作者先后在北京大众影廊、北京中山公园、河南焦作等地举办《为了母亲——于全兴幸福工程西部纪实摄影》展览；出版图书《走近贫

困母亲——中国幸福工程西部行纪实》；接受中央电视台等媒体采访；大众摄影杂志、华夏时报、中国摄影报、羊城晚报新快报、杭州日报都市快报、中国青年报等报刊发表了作者所拍摄的幸福工程摄影专题，以此宣传幸福工程，呼吁社会各界关注贫困母亲，此后，社会各界人士纷纷向幸福工程捐款。

◎ 2004年

5月，上海电视台《新闻观察》栏目摄制组到天津及内蒙古克什克腾旗和喀喇沁旗跟踪作者采访拍摄专题《母亲的肖像》，并于6月13日在上海电视台播出。此后安徽卫视《记者档案》栏目邀请作者走进直播间做人物访谈节目。新京报、中华新闻报等媒体陆续对作者拍摄的人物进行专访。新浪网热点问题栏目开设了作者拍摄的《为了贫困母亲的明天》纪实摄影专题讨论。作者出版了画册《贫困母亲》，三幅贫困母亲摄影作品被广东美术馆永久收藏。

◎ 2005年

1月22日～2月13日　到广西壮族自治区、云南省采访拍摄及回访贫困母亲的生活状况。走访了广西龙胜县伟江乡甘甲村、里木村、中洞村，马堤乡东升村，龙胜镇都平村，平等乡广南村，乐江乡光明村，和平乡金江村，泗水乡细门村，江底乡江底村；田林县六隆镇六隆村，平塘乡同祥村。

在云南走访了丘北县双龙营镇太平村，官寨乡山心村，锦屏镇碧松就村。

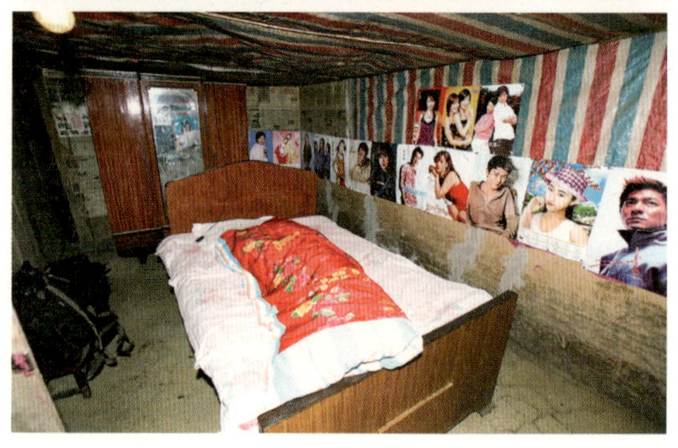

3月，中央电视台七套《乡约》栏目摄制组到云南丘北县跟踪作者采访拍摄专题访谈节目《于全兴·潮湿的关注》，并于5月份母亲节期间在央视播出。5月25日至6月14日，天津电视台国际部到贵州施秉县、紫云县以及青海湟中县、玉树县跟踪作者采访拍摄纪录片《为了母亲的微笑》，并于11月7日在天津电视台播出。此后网易、腾讯等网站，天津电视台《沟通》栏目，天

通

津广播电台生活台、交通台等邀请作者走进直播间做直播访谈节目。

检察日报、每日新报、公益时报、新世纪周刊、天津日报等先后采访作者并发表了人物专访报道。

5月，作者拍摄的《母亲——中国幸福工程西部纪实摄影》展览在天津图书大厦展出并签字售书，所得款项全部捐给幸福工程。11月12日，在人民大会堂幸福工程组委会成立十周年表彰大会上作者获“爱心奉献奖”。获CCTV感动中国2005年度人物候选人。

7月18日～8月16日　到新疆生产建设兵团采访拍摄贫困母亲的生活状态。走访了农一师（阿克苏）4团十三连、林管站、十四连、六连、九连、八连；农三师（喀什）41团五连、园林公

司；农五师（博乐）87团三连、五连、八连；农九师（额敏）161团九连、十一连，167团六连；农四师（伊宁）78团畜牧营牧二连。

12月16日～2006年1月9日　到新疆生产建设兵团、青海省、甘肃省、宁夏回族自治区采访拍摄贫困母亲的生活状态及回访帮扶后贫困母亲的生活变化。走访了农二师（库尔勒）32团十一连，33团五连、二连，28团水泥厂宿舍；农十二师（乌鲁木齐）五一农场七连、十连，啤酒花二连；农六师（五家渠）101团四连。

12月27日　作者在兵团采访期间应邀到中央电视台《新闻会客厅》直播间录制《镜头中的贫困母亲》人物访谈节目，后在新闻频道播出，29日返回青海继续采访。

在青海走访了互助县松多乡花园村、什八洞沟村、本康沟村，威远镇西下街村、班家湾村，双树乡周家庄村、双树村、新元村八社；平安县三河镇西崖头村。

在甘肃走访了会宁县新添堡乡道口村、大寺

村、新添堡村。

在宁夏走访了海原县西安镇范台村，树台乡大嘴子村，海城镇段塬村。

2006年

4月3日～4月19日　到贵州省、重庆市、四川省采访拍摄贫困母亲的生活状态及回访帮扶后贫困母亲的生活变化。走访了贵州纳雍县猪场乡倮保鸠村、水箐村、猪场村。

在重庆走访了城口县蓼子乡长元村，葛城镇

友谊村、庙哑村、和平村。

在四川走访了宣汉县龙泉乡鸡坪村、坪溪村、梨坪村，樊哙镇高伦村。

3月，湖南卫视《晚间》栏目播出《摄影家于全兴》人物访谈。此后安徽卫视、北京人民广播电台邀请作者走进直播间做访谈节目，北京青年报人物在线、南方周末南方人物周刊、中国摄影报、深圳晚报、成都日报、每日新报、南京日报周末深度版等先后采访作者并发表人物专访报道。

作者拍摄的《母亲的祈盼——于全兴幸福工程西部行纪实摄影》展览先后在北京炎黄艺术馆、北京宋庄美术馆、天津滨海新区、天津师范大学展出，五幅贫困母亲作品被私人收藏。

作者先后应邀在北京商务印书馆涵芬书店《文明》讲堂、天津大学、天津师范大学新闻传播学院、津沽学院等举办讲座《母亲的祈盼——于全兴幸福工程西部行纪实》。

作者的纪实摄影作品《母亲系列——顾彩莲2/30》在北京华辰秋季影像拍卖会上以7700元成交，所得款项全部捐给幸福工程组委会。

◎ 2007年

1月19日～2月20日　到新疆生产建设兵团采访拍摄贫困母亲的生活状态及回访帮扶后贫困

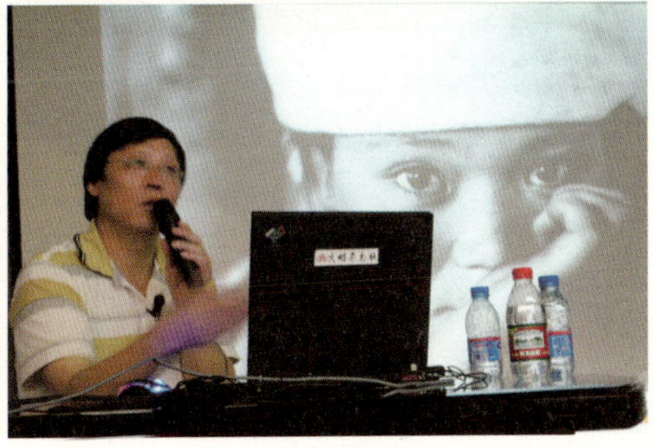

七连、九连、十三连；农二师（库尔勒）33团五连、二连，24团一连、八连、十一连；农十二师（乌鲁木齐）五一农场，221团五连、三连；农五师（博乐）87团八连、三连。

1月，作者的纪实摄影作品《母亲系列——顾彩莲3/30》在北京《牵手幸福·2006中国地产慈善之夜》以60000元拍卖成交，所得款项全部捐给幸福工程组委会。

3月，东方卫视《看东方》栏目摄制组到天津采访作者，并于母亲节期间播出人物专题《纪实摄影家，于全兴》上下集。山西卫视、贵州卫视先后播出作者人物专访节目。

5月6日～13日　到吉林省采访拍摄贫困母亲

的生活状态。走访了抚松县兴隆乡东关道村，抚松镇新安村、西川村，万良镇苇芦村、小屯村，抽水乡抽水村、永泉村、北沟村、芝阳村。

6月，作者的纪实摄影作品《母亲系列——李高能2/30》、《母亲系列——席二界2/30》在北京华辰春季影像拍卖会上以5000元、10000元成交，所得款项全部捐给幸福工程组委会。

作者的作品《贫困母亲系列之顾彩莲》被中国丽水博物馆收藏。

7月13日～8月15日　到贵州省、甘肃省、宁夏回族自治区采访拍摄及回访贫困母亲的生活状况。走访了贵州金沙县平坝乡新庄村、八一村、金平村；纳雍县猪场乡倮保鸠村、水箐村、猪场村、蛇场村、大多拱村，龙场镇大营村、小营村；从江县丙妹镇岜沙村，高增乡占里村。

8月1日～9日　到甘肃随幸福工程形象代言人马艳丽“幸福工程扶助贫困母亲甘肃行”团队

采访拍摄，后继续到宁夏采访。

在宁夏走访了海原县九彩乡黑林村、马套村、元套村，郑旗乡南山村、树台乡大嘴村。

9月，作者获第七届中国摄影金像奖，在青海领奖期间到互助县巴扎乡甘冲沟村采访拍摄贫

困母亲并回访了曾经采访过的贫困母亲。

11月，作者的纪实摄影作品《母亲系列——顾彩莲4/30》在北京国际妇女俱乐部慈善晚宴上以6万元拍卖成交，并捐给幸福工程组委会。

◎ 2008年

7月8日－8月13日　到新疆生产建设兵团回访受助母亲的生活变化。走访了农十师（北屯）185团五连、四连、一连，186团诺亚堡哨所；农九师（额敏）170团牧二连、农六连，161团一营六连、二营九连，166团一连、牧二连，164团三连；农五师（博乐）86团艾家蔬菜公司，87团三连、五连；农七师（奎屯）124团三连；农三师（喀什）红旗农场一连，51团十六连、十九连、十连、六连、五连、十二连，50团夏河营十二连、十三连；农一师（阿克苏）10团十一连，12团八连，7团五连；农二师（库尔勒）33团九连，33团二连、十二

连；农六师（五家渠）101团二连，102团一连。

11月7日～12月2日　到四川省、云南省采访拍摄及回访贫困母亲的生活状况。在四川走访了布拖县基只乡老古村。

在云南走访了巧家县白鹤滩镇大坪村、黎明村，药山镇洗羊塘村、老羊窝村，小河镇竹山村、拖东村；昭通市大山包乡车路村、大山包

村，小龙洞乡宁边村。

在四川成都走访了龙泉驿区茶店镇照壁村，西河镇卫星村，洛带镇金龙村。

2008年，作者应邀在天津外国语学院、天津开发区海事学院举办讲座《母亲的祈盼——于全兴幸福工程西部行纪实》。作者的摄影专题《贫困母亲》在广东连州国际摄影大展中展出。

◎ 2009年

5月，作者的纪实摄影专题《贫困母亲》在北京宛平“1949—2009当代中国纪实摄影”大展中展出。

7月14日～8月2日　到贵州省、云南省采访拍摄及回访贫困母亲的生活状况。

此行，作者带领天津师范大学新闻传播学院五名学生，到贵州纳雍县猪场乡乐咪营村、增力村、倮保鸠村、水箐村、猪场村，普定县城关镇天王旗村，马官镇荷包村、号营村，白岩镇讲义村，花溪区湖朝乡磊庄村等地，采访、拍摄贫困母亲们的生活状况。

随后作者继续到金沙县平坝乡平庄村、新庄村，岚头镇岚丰村；遵义县乌江镇养龙村；荔波县洞塘乡板寨村，立化镇立化村，永康乡大吉村，朝阳镇八烂村回访拍摄过的贫困母亲。

在云南走访了水富县向家坝镇马脑村、水东村、永安村，两碗乡两碗村；大关县木杆镇漂坝村；永善县细沙乡大同村、黄金村、阳堡村、凉水村，团结乡联合村、新田村、花石村、双河村、大毛村；昭通大山包乡一对一帮扶资金发放仪式；宁蒗县大兴镇安乐社区，新营盘乡毛家乡村，永宁乡洛水村、普洛村、永宁村；丽江古城区金安乡增明村。

◎ 2010年

5月8日，作者应邀在北京大学举办讲座《母亲的祈盼——于全兴中国幸福工程西部行》。

5月9日，作者在北京参加“幸福工程慈善之夜”暨“幸福工程”十五周年母亲芬芳真情盛典拍卖活动。

5月～6月，作者在北京参与“为了母亲的微笑——幸福工程十五周年主题摄影展”筹备工作。

6月2日，著名记者、作家张建伟先生采访本书作者。

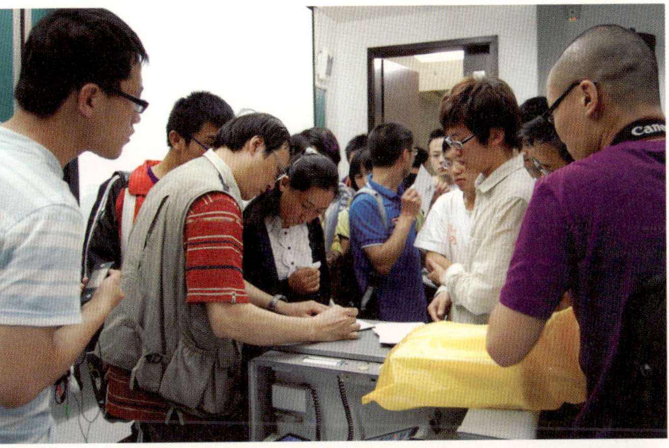

后 记

于全兴

我做幸福工程项目已有9年。如今，想起曾21次到过西部贫困地区，连我自己都不敢相信。

中国西部贫困地区的母亲，居住的地域不同，语音不同，但是面临的生活重负是相同的。她们吃苦耐劳，忍辱负重，渴望摆脱贫困走向富足。

9年中，多次在西部地区奔走，我对贫困母亲的生存现状有了一种直观的感受，也促使我去思考，如何用手中的相机，将她们的生存状况记录下来，传递开去，以引起社会广泛的重视和帮助。

多少次我从西部归来，发现自己的心仍留在那片贫瘠的土地上，魂牵梦萦。

9年期间，我在北京等地多次举办《走近贫困母亲——幸福工程西部行纪实摄影》展览，中央电视台等众多媒体先后做了我的专题访谈报道。许多观众、读者纷纷来电来信，询问贫困母亲的联系方式，愿意尽力帮助她们，令我很感动。

每次在天津家里整理采访拍摄的照片和日记，我就仿佛重新踏上了西行的路，看着看着便会泪眼模糊。是那些贫困母亲的困境，是那些为“幸福工程”辛苦工作的人们，给了我坚持下去的巨大动力。可以说，这本书能写出来，和他们密不可分。我在此一并叩谢，遥祝他们一生平安。

感谢中国人口福利基金会理事长、幸福工程组委会副主任赵炳礼先生在百忙之中为本书写的序。

感谢中国人口福利基金会、幸福工程组委会对我西部之行的帮助和支持，使这本书得以出版，尽管它还比较浅陋，但好在它是真实的。

还要感谢天津师范大学新闻传播学院的同仁对我的关心和理解。

2010年5月于天津博彩公寓寓所

◎ 简介

于全兴，1986年毕业于天津美术学院。中国摄影家协会会员。曾从事美术设计、摄影记者、图片编辑等工作。现任教于天津师范大学新闻传播学院，教授。

◎ 主要展览及奖项

2002年，在北京大众影廊、北京中山公园、河南焦作等地举办《为了母亲——于全兴幸福工程西部纪实摄影》展览；

2005年，《母亲——中国幸福工程西部纪实摄影》展览在天津图书大厦展出；

2006年，《母亲的祈盼——于全兴幸福工程西部行纪实摄影》展览先后在北京炎黄艺术馆、北京宋庄美术馆、天津滨海新区、天津师范大学等地展出；

2008年，《贫困母亲》在广东连州国际摄影大展中展出；

2009年，《贫困母亲》在北京宛平“1949-2009当代中国纪实摄影”大展中展出。

获第七届中国摄影金像奖、首届侯登科纪实摄影基金奖等。

◎ 主要著作

出版有《走近贫困母亲——中国幸福工程西部行纪实》、《贫困母亲》等著作。